0원짜리 통장 뒤에, 미친 듯이 '0'을 채워 넣는 기술
돈락집
한진우 지음
모티브

어느 날, 내 사무실에 들렀던 한 친구가 물었다.

"야, 넌 왜 그렇게 열심히 사냐?"

"새꺄, 돈은 많을수록 좋은 거야. 돈 있으면 어딜 가든 대우받는다고."

한번 생각해보자.

당신이 직장인이고 월급으로 250만 원을 번다. 만약 월급에 해당하는 돈을 아무 걱정 없이 하루 만에 다 써버릴 수 있는 경제적 여유가 있다면 지금과 얼마나 다른 삶을 살게 되겠는가. 돈이 있다는 건, 어떤 선택을 '할 수 있는 상태'가 되는 것이다. 어딜 가든 대우를 받는다는 말은 허세가 아니다. 사람은 돈이 생기면 얼굴에서부터 가난의 그림자가 사라진다. 관리할 수 있고, 건강을 챙길 수 있고, 스스로를 방치하지 않게 된다. 돈이 인생의 전부는 아니지만, 인생에서 만나는 10개의 문제 중에서 9개를 해결해주는 힘이다.

나는 VIP 등급을 유지하기 위해 매년 3,000만 원 이상의 물건을 백화점에서 구입한다. 내가 좋아하는 사람에게는 가격표도 보지 않고 식사 대접을 할 수 있고, 그 어떤 자리에서도 눈치 보며 계산기를 두드리지 않는다. 엄마에게 매달 생활비로 300만 원씩 챙겨드리고 생일엔 1,000만 원을 드린다. 명절이든, 기념일이든 돈 걱정은 하지 않는다. 지금은 돌아가셨지만, 아버지가 암으로 병원에 계셨을 때도 명품 시계와 아버지가 평생 꿈꾸던 차도 사드렸다. 돈이 있다는 건, 사랑하는 사람 앞에서 무력해지지 않는다는 뜻이다. 부모가 아플 때 병원비를 낼 수 있고, 가족 앞에서 도망치지 않아도 된다. 사랑하는 사람에게 "미안하다"는 말 대신 "내가 책임질게"라고 말할 수 있다.

청소하는 게 싫으면 해줄 사람을 부르면 되고, 집이 좁아서 답답하면 더 넓고 쾌적한 곳으로 옮기면 된다. 몸이 아프면 평일이든 주말이든 가격도 묻지 않고 MRI 검사를 받거나 필요하다면 바로 치료를 선택한다. 아파 죽겠는데 치료비를 걱정하는 게 무슨 의미가 있는가.

나는 어렸을 때 갖지 못한 가정을, 어른이 되어 갖고 싶었다. 우리 부모님은 내가 14살 때 이혼하셨다. 요즘엔 이혼이 흔한 일이지만, 그 시절에는 생각보다 큰 낙인이어서 창피했고 숨기고 싶었다. 그리고 부모님이 이혼할 수밖에 없는 진짜 이유가 돈이라는 걸 너무 일찍 알아버렸다. 집안은 늘 전쟁터였고, 욕설과 싸움, 불안과 긴장이 끊이지 않았다. 나는 단순하게 결론을 냈다.

"돈이 있어야 가족이 이렇게까지 망가지지 않겠구나."

이 생각 하나가 내 성격, 선택, 진로, 모든 걸 바꿨다. 나는 솔직히 이런 이야기를 쓰고 싶지 않았다. 세상에 널린 게 "나 어렸을 때 단칸방, 반지하에 살면서 존나 힘들었고, 그걸 버텨내서 성공했다"는 뻔한 서사다. 나는 그런 이야기를 제일 싫어한다. 천하제일 가난대회도 아니고, 누가 더 비참했는지를 경쟁하는 것에는 흥미가 없다. 그래서 내 과거를 꺼내는 것도 썩 내키지 않는다. 그런 이야기를 기대했다면 다른 책을 찾아보는 것이 빠를 것이다.

그런데 사람들은 고약하게도 누군가의 밑바닥을 알아야 비로소 움직이는 경향이 있다. 내가 어떻게 살아왔는지, 왜 이런 판단을 하고, 이런 방식으로 일하는지 알지 못하면 이 책이 전달하고자 하는 바가 제대로 닿지 않을 테니까 필요한 만큼만 말하겠다. 과하지 않게, 감성팔이도 없이, 그냥 현실만.

서울에서 부산까지 가는 데 내비게이션이 없다고 치자. 제대로 된 지도나 내비게이션이 없으면 가는 도중에 몇 번의 길을 잃으며 시간과 돈 모두를 낭비하게 될지 모른다. 하지만 나는 운이 좋게도 비교적 젊은 나이에 좋은 지도와 내비게이션을 찾는 방법을 알게 되었다.

그리고 그게 착각이 아니라는 것도 이미 몇 번의 실험으로 확인했다. 보험으로 월 1,000만 원을 못 벌던 친구가 지금은 본부장이 되어 중형차 한 대는 거뜬히 살 수 있는 돈을 벌고 있고, 하루에 12시간 이상씩 매일 몸을 갈아가며 일해서 월 순수익 1억 정도를 벌던 사람이 지금은 시스템을 통해서 본인이 영업하지 않고 월 2억 이상 번다. 사람이 등장하지 않는 릴스 게시물 50개만으로 인스타그램 팔로워 5만을 만들기도 했고, 지금은 30만이 넘는 유튜브 채널도 운영 중이다.

나는 돈을 좇아 장사부터 시작했지만 지금은 책임을 지기 위해 사업을 한다. 그리고 그 책임감이 나를 계속 움직이게 만든다. 그 과정에서 나 역시 수많은 책을 읽어봤지만, 본인이 얼마나 대단한 사람인지만 자랑할 뿐 "그래, 잘난 건 알겠고, 어떻게 해야 너처럼 될 수 있는데?"에 대한 답은 어디서도 찾을 수 없었다. 그래서 나는 이 책에서 Zero인 당신이 One으로 거듭날 수 있는 구체적이고도 분명한 방법들을 알려주려 한다. 내가 제일 잘하는 것이 Zero to One이기 때문이다.

행동하지 않을 사람은 당장 이 책을 덮어도 좋다. 하지만 내가 말하는 것들을 실제로 하는 사람은 진짜 위로 올라갈 수 있다. 장담하건대, 이 책에 대해 누군가는 욕을 할 것이고, 누군가는 이 책을 읽고 인생이 바뀔 거다.

나는 그 두 번째 부류들을 위해 이 이야기를 시작한다.

## 목차

## 4장 복제: 창조하지 말고 1등의 돈략을 훔쳐라



## 5장 증식: 0원짜리 통장에 '0'을 채우는 기술

# 1장

# 각성

## 착한 사람은
## 절대 부자가 될 수 없다

# 가난한 '평범함'보다
# 욕먹는 '부자'가 낫다

남들은 한창 공부에 매진할 나이인 열여덟 살, 나는 닭갈비를 판매하는 가게에서 일을 하고 있었다. 그리고 그 시절의 한 장면은 성인이 된 지금까지도 여전히 눈에 선하다.

"야, 나 시급 50원 올랐다! 대박이지 않냐?"

"500원도 아니고 50원이라고?"

함께 일하던 친구가 나보다 한 달 먼저 들어왔다는 이유로 시급이 50원 올랐다며 좋아하고 있었다. 하루 8시간, 한 달 내내 일해서 더 번 돈이 고작 1만 원 남짓이었다. 그때 처음으로 이런 생각이 들었다.

'아, 나는 이렇게 살기 싫은데….'

바빠지는 저녁 타임 전에는 볶기 전 닭갈비를 냉장고로 옮겨 놓아야 했다. 냉장고가 1층, 2층으로 나뉘어 있었고 접시도 유난히 컸다. 웬만하면 한 손에 하나 들기도 벅찬 크기였는데, 나는 그걸 두 손에 세 개씩 들어서 한꺼번에 옮겼다. 다른 애들은 두 손으로 하나씩밖에 못 들었다. 물컵도 마찬가지였다. 다들 컵을 판에 꽂아서 조심조심 나르는데, 나는 컵을 쭉 겹쳐서 손에 들고 한 번에 가져갔다.

'왜 일을 저렇게 비효율적으로 하지?'

함께 일하는 알바생들을 보며 느낀 내 솔직한 생각이었다. 실제로 내가 일을 잘하니까 다른 애들이 따라 하기도 했다.

그렇게 6개월쯤 일했는데, 나는 단 한 번도 팁을 받은 적이 없었다. 사장님이나 매니저는 늘 내게 "일을 잘한다"고 말했지만, 팁은 늘 다른 애들 몫이었다. 특히 여자 동생들은 계속 팁을 받아 갔다. 그게 너무 싫었다.

처음엔 내가 너무 무뚝뚝한가 싶어서 손님에게 웃어도 보고, 말도 걸어보고, 분위기도 맞춰봤지만 결과는 같았다.

'아, 일을 잘하는 것만으로는 안 되는구나. 열심히 해도 보상은 따라오지 않는구나.'

다른 친구들보다 일을 더 많이 하는데 돈은 더 벌지 못하고, 팁도 없고, 50원에도 마음이 상했다.

당시에 배달 일이 조금 더 돈이 된다는 말을 듣고 피자집 배달 아르바이트를 하다가 20살이 되자마자 이태원에 있는 한 나이트클럽에서 잠깐 웨이터 일을 했다. 삐끼처럼 밖에 나가서 호객 행위를 하는 게 아니라 홀에서 서빙을 하며 사람들을 연결해주는 일이었다. 시급은 높아서 돈은 됐지만 내가 생각했던 것보다 온갖 양아치들이 너무 모여 있는 집단이라는 생각이 들어 다시는 이 일을 하지 말자 다짐하고 그만두었다. 그러고 나서 그해 6월에 군대에 갔다.

군대에서 나오고 나서는 논이 없어서 휴대폰을 사면 현금 30만 원을 준다기에 그 돈으로 (후술할) 중고차 판매 일을 시작했다. 그런데 내 생각과 너무 다른 환경이어서 몇 달 만에 때려치우고 예전에 했던 피자집 배달 일을 다시 시작했다. 그런데 세 번째 배달 만에 사고가 나고 말았다. 건당으로 돈을 받는 구조였고, 괜히 빨리빨리 해보겠다는 쓸데없는 경쟁심과 자존심 때문에 발생한 사고였다. 다행히 가게에서 보험을 들어두긴 했지만, 피해액은 자그마치 3,000만 원이 넘었다. 보험에서 보장되는 보상 한도는 2,000만 원 정도였다. 가진 게 아무것도 없는데 졸지에 1,000만 원을 물어내야 하는 상황이었다. 사장님이 반은 부담해주겠다고 했지만, 남은 500만 원도 당시 나에겐 감당하기 어려운 돈이었다. 배달로는 답이 없다는 결론을 냈고, 결국 그만둘 수밖에 없었다.

빚을 갚기 위해 당장 돈이 되는 일을 찾아 노래방에서 웨이터를 6개월 정도 했는데, 그마저도 결국 돈도 못 받고 나오게 되었다. 그러던 중 주변에서 백화점 일을 한번 해보는 게 어떻겠냐고 제안해왔다. 그렇게 시급 4,500원을 받는 신발 매장에 들어갔다. 한 켤레에 20만 원이 훌쩍 넘는 고가 신발을 팔고, 정리하고, 관리하는 일이 내 몫이었다.

막상 들어가 보니 백화점은 군대와 크게 다르지 않았다. 윗사람이 온다고 하면 자세부터 고쳐야 했고, 회장님이 온다는 날에는 분위기와 백화점 안 공기 자체가 달라졌다. 나는 그 사람들이 누군지도 몰랐고, 알고 싶지도 않았다. '왜 내가 이러고 있어야 하지?'라는 생각이 하루에도 몇 번씩 들었다. 월급은 120만 원 남짓이었고, 4대 보험도 없었다. 밥값도 따로 나오지 않았다. 이 정도 돈을 받으면서까지 이런 태도를 요구받는 게 도무지 납득되지 않았다.

행사 시즌이 되면 상황은 더 심해졌다. 오픈 행사가 있으면 퇴근 후에 재고를 모두 싸서 다른 지점으로 이동해야 했다. 매장 업무를 마치고 밤늦게 영등포나 다른 지역으로 넘어가면 자정이 훌쩍 넘었다. 근처 모텔에서 잠을 자고, 순댓국 한 그릇으로 끼니를 때운 뒤 새벽같이 다시 매대를 깔았다. 일이 새벽 2~3시에 끝나는 날도 드물지 않았다.

매니저 형들은 나에게 "열심히 산다"고 말했지만, 나는 그렇게 생각하지 않았다.

"돈도 안 되고 몸만 썩어가고 있는데 '열심'은 개뿔….”

어린 나이였지만 분명히 알게 된 게 있었다. 이 구조 안에 서는, 이 방식으로는 아무리 성실해도 절대 위로 갈 수 없다는 사실이었다. 그래서 나는 다르게 살기로 했다.

'열심히'가 아니라, 돈이 되는 방식으로.

# 합법적인 범위 내에서
# 가장 독하게 돈을 밝혀라

22살에 전역을 하자마자 일주일 정도를 쉬었다. 쉰다고 해서 아무 생각 없이 시간을 보낸 건 아니고, 병장 때부터 '밖에 나가서 앞으로 뭘 해야 할지, 어떤 일을 해야 다람쥐 쳇바퀴 같은 구조에서 벗어날 수 있을지' 고민했다. 그 무렵 내 눈에 들어온 게 자동차 판매 일이었다. 말끔한 정장을 입고 여유 있게(당시 내 눈에는 그렇게 비쳤다.) 자동차를 판다는 행위 자체가 멋있어 보였다. 벤츠나 BMW 같은 차를 파는 사람이 되고 싶었지만, 현실적으로 초보자로서는 불가능했기 때문에 고급 차를 팔기 전에 중고차부터 경험해보자고 생각했다.

'중고차 판매 / 월 800 / 숙식 제공'

아르바이트 구인 구직 사이트에서 이 문구를 보고 솔직히 말해 눈이 돌았다. '숙식 제공'이라는 말에 더 고민할 것도 없이 인천으로 내려갔고, 주안에 있는 중고차 매매단지로 향했다. 그러나 내 다짐과는 달리 아버지는 걱정을 많이 하셨다.

"진우야, 거긴 힘들어서 일 못한다, 너랑도 안 맞을 거야."

그래도 내가 굳이 하겠다고 고집을 부리자 아버지는 결국 면접 날 함께 따라와 주셨다. 걱정 반, 기를 세워주려는 마음 반이었을 것이다.

매매단지에 들어서자마자 단번에 싸한 분위기를 느낄 수 있었다. 1층은 정리되지 않은 공간이었고, 고등학생 양아치들이 모이는 매점 같은 느낌이 났다. 2층에 사무실이 있었는데, 계단을 오르자마자 들려온 전화 통화 소리에 잠깐 멈칫했다. 욕설이 섞인 말들이 아무렇지 않게 오갔고, 처음엔 내가 잘못 들은 줄 알았지만 그게 이곳의 일상이었다. 그때 나는 생각보다 많이 쫄아 있었다. 스스로를 만만한 사람이라고 생각한 적은 없었는데, 진짜 호랑이 소굴에 들어오니 몸이 먼저 반응하는 것 같았다.

면접이라고 할 만한 과정은 없었고, 사무실에 앉아 있던 사람이 "진짜 오셨네요"라는 말과 함께 바로 출근하라고 했다. 옆에서 아버지가 내 어깨를 한 번 두드리며 "우리 아들인데 여기서 일해본다고 합니다. 잘 좀 부탁드립니다"라고 말했다. 나보다 훨씬 덩치가 크셨던 아버지는 그 자리에서라도 나를 보호해주고 싶은 마음이셨던 것 같다.

회사에서는 '숙식 제공'이라는 말이 무색하게, 식사는 되지만 근처 모텔이 꽉 찼다는 이유로 숙박은 당장 어렵다고 했다. 그러더니 모르는 40대 남자를 가리키며 그 사람 집에서 같이 지내라고 했다. 지금 생각해보면 중고차 업계에서 흔히 쓰는 '지입' 형태였다. 지입이란, 신입(특히 어린 나이, 지방 출신)에게 숙소를 제공하거나 제공하는 것처럼 말하고는 기존 직원(형님급) 집에 얹혀살게 해 생활과 일을 동시에 묶는 업계의 관행을 말한다. 회사에 정식 고용된 것도 아니고 완전히 독립된 것도 아닌, 생활·업무·관계를 한 덩어리로 엮는 것이다. 이렇게 함으로써 통제하기 쉽고 도망가기 어렵게 만든다. 또한 문제가 생기면 '개인이 한 일'이라며 책임을 전가시키기도 한다.

어느 날 나와 함께 살던 40대 형님이 내게 사진 하나를 보여줬다. 눈 오는 날, 놀이터에서 한 중년의 남자가 얼굴이 엉망이 된 채 무릎을 꿇고 손을 들고 있는 사진이었다.

"야, 누가 환불해달라고 하면 이렇게 처리해라."

형님은 1,000만 원짜리 중고차를 산 고객이 하자가 있다는 이유로 환불을 요청하자 놀이터로 끌고 가 흠씬 두들겨 패고 내게 사진을 보낸 것이었다. 그 형님은 낄낄거리며 웃었지만 나는 그 상황이 전혀 웃기지 않았다. 어떤 사람에게는 1,000만 원이 전 재산일 수도 있는데, 그걸 가지고 사람을 굴복시키는 게 이곳의 방식이라는 사실이 너무 역겨웠다.

여기서 어찌어찌 돈은 벌 수 있을지 몰라도, 오래 있으면 나부터 망가지겠다는 생각이 들었다. 그 사건 이후 뒤도 돌아보지 않고 중고차 매매단지를 나왔다.

"네가 뭘 하든 다 괜찮으니까 남에게 피해 주는 일은 하지 마라. 깜빙 길 짓만 안 하먼 뭘 하든 먹고살 수 있다."

돌아가신 아버지가 내게 해주신 말이다. 내 중고등학교 친구들 중에는 지금도 불법이나 부정한 방법을 동원해서 큰돈을 버는 애들이 많다. 하지만 나는 그렇게 살고 싶지는 않았다. 중고차 매매를 그만둔 것은, 돈이 된다고 해서 무조건 아무 일이나 선택하지는 않겠다는 내 삶의 기준이 되었다.

# '폰팔이'라 비웃던 놈들이
# 이젠 나를 부러워한다

보통 사람들은 "어디든 남의 밑에 들어가 일하고, 매달 꼬박 월급 받아 그 돈을 모으며 살아가는 것이 일반적인 삶"이라고 말한다. 나 역시 그 방식이 사회에서 말하는 '정상적인 경로'라는 사실을 모르는 것은 아니다. 그러나 그 길이 내게 맞는지는 늘 의문이었다. 열심히 일해도 보상이 늘어나지 않고, 성과와 무관하게 급여가 정해진 시스템은 내가 원하는 길이 아니었다.

이런저런 아르바이트를 몇 개월씩 하고 그만두기를 반복하던 중에 중학교 때 친구들이 휴대폰 매장을 운영하며 한 달에 350~400만 원 정도를 번다는 이야기를 듣게 되었다.

그 순간 이런 생각이 들었다.

'솔직히 내가 쟤네들보다 더 잘 벌 수 있을 것 같은데?'

그렇게 휴대폰 매장에서 일을 시작하게 되었다. 휴대폰 판매의 결과는 항상 경쟁에 의해 숫자로 매겨졌고, 내가 판 만큼 수입이 되었다. 성과가 곧 결과로 이어지는 것이 가장 마음에 들었다. 그래서 소위 잘 판다는 사람들을 찾아다녔다. 만약 신촌에서 누군가와 약속이 있으면 늘 1시간 먼저 도착해 주변 휴대폰 매장을 돌아다니며 상담을 받았다. 어떤 때는 내가 살 휴대폰이라 하고, 어떤 때는 여자친구가 살 거라 하고, 어떤 때는 부모님께 사드리려 한다며 상담을 받았다. 그러면서 판매원의 상담 방식과 말투, 고객을 설득하는 흐름을 유심히 들었다. 할 줄 아는 것, 아는 것이 없으니 계속 몸으로 부딪히는 수밖에 없었다.

그렇게 입사 후 4개월이 지나 나는 강북에서 가장 휴대폰을 잘 파는 사람이 되었고, 한동안 그 기록은 깨지지 않았다. 내가 있던 매장이 강북에서 가장 잘나가는 곳이었고, 그 안에서 늘 내가 가장 높은 실적을 냈으니 1등이 맞다. 현재도 한 달 전쯤 기존의 부동산 사업을 운영하면서 휴대폰 매장을 새롭게 오픈했다. 내가 직접 휴대폰을 판매하는 것은 아니지만, 판매자에게 내 노하우를 교육하고 나서 30일 남짓한 기간 동안 100대 이상을 팔았다.

사람들은 흔히 휴대폰을 가격만 보고 사는 물건이라고 생각하지만, 실제로는 그렇지 않다. 우리 매장에 오기 전에 이미 다 알아보고 온다. 세 군데, 네 군데는 기본이고, 전화로까지 비교한 뒤에 매장까지 찾아오는 것이다. 그래서 '싸게 판다'는 말은 아무 의미가 없다. 그건 이미 모든 판매자들이 알고 있고, 고객이 기대하는 기본값이다. 필름, 케이스, 충전기 같은 것은 다른 데서도 다 준다. 그건 차별점이 아니다. 고객이 새 휴대폰을 사면서 제일 걱정하는 부분이 무엇인지를 알아야 한다.

"이 휴대폰, 세 달 정도 쓰시다 보면 실수로 떨어뜨릴 수도 있고 액정이 나갈 수도 있어요. 그때는 제가 무료로 다 교체해드릴게요."

나는 가격이 아니라 고객의 심리와 불안을 읽고 그것을 해소해준다. '며칠 쓰다가 액정 깨지면 어쩌지?' 하는 걱정을 단번에 날려준다. 이 한마디에 사람들의 표정이 바뀌는 걸 느낄 수 있다. 싸게 사는 건 당연한 전제고, 그 이후의 불안을 기꺼이 책임져주면 확실한 차별점이 되는 것이다.

잘 파는 사람은 말을 잘하는 사람이 아니라, 사람들이 언제 불안해지는지를 정확히 아는 사람이다. 그리고 그 불안을 개인의 설득으로 덮는 게 아니라, 서비스와 구조로 미리 제거한다. 이 방식은 휴대폰 판매에서만 통하는 것이 아니다.

이후 내가 했던 모든 일에서도 똑같이 작동했다. 사람의 선택은 늘 합리적인 척하지만, 결정의 순간에는 감정이 앞선다. 그 지점을 이해하는 순간, 결과는 따라오게 되어 있다.

이 경험을 통해서 나는 월급을 받는 구조보다, 성과가 곧 보상이 되는 구조에서 더 잘 움직이는 사람이라는 걸 알게 되었다. 누가 시켜서가 아니라, 내가 한 만큼 결과가 나오는 시스템, 그 정직함이 나에게는 매달 꼬박꼬박 주어지는 월급보다 훨씬 설득력 있게 디기았디.

# 빚 2억, 자본주의가
# 내게 가르쳐준 차가운 셈법

24살 무렵부터 한 달에 1,500만 원씩 벌기 시작했다. 지금도 월에 1,000만 원을 버는 게 쉽지 않은 분위기인데, 당시 나이와 상황을 생각하면 적지 않은 돈이다. 당시 부동산을 창업해 내가 실무를 총괄하고, 바지사장을 앉혀두는 방식으로 중개 보조 일을 하며 돈을 벌었다. 1,500만 원이라는 금액은 체감상 꽤 컸다. 나보다 더 많이 버는 사람도 있었겠지만, 적어도 내가 살던 동네에서는 내가 가장 잘 버는 축에 들었다. 그러나 안타깝게도 그 시기는 오래가지 않았다.

창업 후 약 1년 10개월 정도 지났을 무렵, 동업자가 내 뒤통수를 치고 나갔다. 그는 일보다 정치질에 능한 사람이었고, 당시 영업사원 15명 중에 12명이나 데리고 나갔다. 그것도 곱게 나간 게 아니라, 나에 대한 안 좋은 소문을 여기저기 퍼뜨리기까지 했다. 한순간에 나는 그 동네에서 쓰레기로 전락하고 말았다.

그때 극심한 우울증에 시달리면서 사람을 피하게 되었고, 돈도 벌지 못했다. 나름대로 벗어나 보려고 아무리 열심히 해도 일이 풀리기는커녕 계속 무너지는 느낌이었다. 그래서 회사를 정리하고, 다른 부동산에 들어가 상가·사무실을 나누는 일을 시작했다. 하지만 그 일 역시 오래가지 않았다. 막상 들어가 보니, 하는 일이 거의 노가다에 가까웠다. 매물을 구하러 이곳저곳을 헤매며 발품을 팔고, 하루 종일 돌아다녀야 했다. 겉으로는 다들 정장 차려입고 그럴듯해 보였지만, 내 눈에는 실상이 보였다. 행동을 보면 수익 구조가 보였고, 얼마나 못 벌고 있는지도 금방 알 수 있었다. 연매출 몇백억을 한다는 대표들도 만나봤지만, 정작 계약이 성사되는 경우는 거의 없었다. 결국 그 일도 그만두었다.

힘든 일은 왜 항상 한꺼번에 몰려오는 걸까. 그렇게 피폐해져 있을 무렵, 아버지가 폐암 3기라는 사실을 알게 되었다. 동시에 빚도 불어났다. 대출은 2억 원에 가까웠고, 그중 일부는 연이율이 19.8%였다. 금융권 대출뿐 아니라 지인에게 빌린 돈도 있었다. 게다가 할머니가 증여해준 약 2억 원짜리 집을 담보로 다시 대출을 받았다. 직방 같은 앱을 만들려던 헛된 야망과 네이버 파워링크에 광고비를 쏟아붓기 위해서였다. 하지만 결과적으로 상황은 더 악화되었다. 지금 생각하면 무모했고 어리석었다. 어쩌면 그 시기가 내 인생에서 가장 힘들었던 때가 아니었나 싶다.

'한때 월 1,500만 원을 벌던 사람'이라는 자존심 때문에 돈이 없다는 사실을 드러내는 것이 견디기 어려웠다. 어느 날 한 친구가 집 앞에서 밥이나 먹자고 했다. 흔쾌히 괜찮은 척 나가서 몰래 은행 앱을 열었는데 잔고가 106원이 찍혀 있었다. 잔고를 확인하고 며칠 뒤 강한 현타가 왔다. 나는 자존심이 상하는 상태를 오래 견디지 못하는 사람이었고, 그것이 오히려 나를 다시 움직이게 했다.

당시에 시도했던 게 아프리카TV BJ였다. 한 BJ가 한 달에 3,000만 원 이상 번다는 이야기를 듣고 나도 다시 한번 해보겠다며 그렇게 또 한 번 바닥에서 몸을 일으키기 시작했다. 특출나게 할 줄 아는 게 없어서 그냥 시간을 쏟는 것에 승부를 걸었다. 하루 24시간 100일 동안 카메라를 켜놓는 방송을 시작했다. 쉬는 시간은 아프리카TV 점검 시간뿐이었다. 2주에 한 번, 4시간에서 8시간 정도 서버 점검이 있을 때만 방송을 끌 수 있었다. 온종일 카메라 앞에 있으면 누군가 나를 계속 보고 있다는 느낌이 들어서 어느 순간부터 동물원 원숭이가 된 것 같은 감정을 느끼게 된다. 시청자는 많아야 20명 정도였다. 쟁반 노래방 같은 콘텐츠도 하고, 전남 진도까지 내려가 극한 직업처럼 생선을 잡는 일도 했다. 배터리를 여러 개 챙겨 가서 방송을 켜보려 했지만, 그곳은 인터넷도 터지지 않는 곳이었고 아무 소용이 없었다.

그쯤에 공황도 세게 찾아왔는데 엘리베이터를 타지 못할 정도로 밀폐된 공간에 들어가는 것 자체가 어려웠다. 그리고 그 이후부터의 시간은 이상하게 내 기억 속에서 사라져 있다. 26살 후반에서 29살까지 그 몇 년에 대한 기억이 거의 없다. 왜 기억이 없는지 나 스스로도 잘 알지 못한다. 매년, 매달 떠올려 보려고 해도 그때 내가 무엇을 하며 살았는지 도무지 떠오르지 않는다. 눈을 감았다가 뜬 사이, 갑자기 29살이 된 느낌이다. 연애를 했는지도 모르겠고, 뭘 먹고 살았는지도 분명하지 않다. 아마 술을 많이 마셨을 것 같다. 기억이 없는 이유를 굳이 추측하자면, 삶을 계속 회피하던 시기이기 때문인 것 같다.

기억나는 장면이 하나 있다면 친구들과 PC방에 죽치고 있던 내 모습이다. 할 일이 없으니 PC방에 갔고, 만나는 친구들도 늘 PC방을 다니던 사람들이었다. 하루 종일 게임을 하며 시간을 흘려보냈고, 극심한 스트레스로 원형 탈모까지 생기며 몸과 마음이 동시에 무너지고 있었다.

지금 와서 생각해보면, 그때의 몇 년만 제대로 버텼어도 내 인생은 많이 달라졌을 것이다. 최소 연매출 100억, 어쩌면 200억까지도 갔을지 모른다. 하지만 그 시간은 통째로 사라져 버렸다. 아무것도 붙잡지 못한 채, 그냥 흘려보낸 시간이 되고 말았다.

그 공백의 말미에 아프리카TV를 다시 시작하고, 동시에 부동산 일에도 다시 손을 댔다. 다만 예전 방식과는 조금 달랐다. 일반적인 부동산 수익 구조와 달리 내가 실무를 다 알고 있으니, 자릿세만 내는 방식으로 일을 했다. 매달 100만 원만 지급하고, 광고도 계약도 전부 내가 책임졌다. 책상 하나를 빌려 쓰는 개념이었다. 그렇게 낮에는 부동산 일을 하고, 밤에는 아프리카TV 방송을 병행했다. 하지만 수익은 거의 나지 않았다. 한 달에 80만 원을 벌 때도 있었다. 다시 바닥이었다.

이 시기는 성취보다 회피와 공백의 기록으로 남아 있다. 그래서 더 또렷하다. 아무 일도 하지 않았던 시간이기도 하지만, 삶을 정면으로 마주하지 못했던 시간이었다는 점에서.

# 오히려 책 속에 정답이 없다는 걸 깨달은 순간, 돈이 보였다

29살 무렵부터 처음으로 책이라는 것을 읽기 시작했다. 유명하다는 『부의 추월차선』, 『부자 아빠 가난한 아빠』, 『나는 4시간만 일한다』 같은 책들이었다. 사실 그 무렵 공인중개사 자격증 공부도 함께 하고 있었다. 수험생처럼 스톱워치를 켜놓고 몇 시간씩 책상에 앉아보기도 했지만, 공부는 나와 맞지 않았다. 책을 펴면 잡생각이 먼저 들었고, 글이 머릿속에 들어오지도 않았다. 무엇보다 계속 이런 생각이 들었다.

'내가 이걸 왜 하고 있지?'

내 주변에 공인중개사는 많았지만, 돈을 잘 버는 사람은 거의 없었다. 적어도 내가 직접 본 사람 중에는 단 한 명도 없었다.

'내가 이 자격증을 따야 할 이유가 뭘까. 공인중개사는 얼마든지 구할 수 있는데 내가 직접 자격증을 따서 현장에 들어갈 필요가 있을까?'

생각이 정리되고 나니 공부를 빠르게 포기할 수 있었다. 그 이후로 방향을 틀어 마케팅과 심리학, 자기계발 쪽 책들을 읽기 시작했다. 그런데 얼마 지나지 않아 커다란 난관에 부딪히고 말았다.

나는 원래 공부를 거의 하지 않던 사람이다. 중고등학생 때 시험을 보는 날이면, 선생님이 시험지를 나눠주자마자 문제 수를 확인하고 OMR 카드에 아무 번호나 찍은 뒤 엎드려 자던 애였다. 그만큼 공부와는 거리가 멀었다. 교과서를 쳐다도 보지 않던 사람이 성인이 되어서 책을 읽으려니 글자가 눈에 들어올 리가 없었다.

그래서 책을 읽는 방식도 남들과 다를 수밖에 없었다. 책을 읽다가 모르는 단어가 나오면 그 단어가 무슨 뜻인지 하나하나 검색해야 했다. 예를 들어, 책을 읽다가 '회고'라는 단어를 모르면 인터넷에 검색해서 뜻을 찾아봤다. 기본 어휘력 자체가 부족했기 때문에 책은 항상 컴퓨터 앞에서만 읽었다.

책 한 권을 다 읽었는데도 내용이 머리에 남지 않았다. '이게 맞나?' 싶어서 독서모임에 나가 이런 질문을 한 적도 있다.

"아니, 제가 책을 읽었는데 내용이 하나도 기억나지 않아요. 제가 독서를 잘못한 걸까요? 읽으면 읽는 대로 머릿속에 다 들어와야 하는 거 아니에요?"

"아, 독서는 원래 그런 거예요. 그게 정상이고요."

어떨 때는 책의 문자들이 눈에 들어오지 않아서 유튜브에서 '책 요약'을 검색하기도 했다. 10분짜리 영상 하나가 며칠 동인 읽은 책보다 훨씬 이해가 잘되는 경우도 흔했다. 그렇게 책과 영상, 검색을 오가며 조금씩 독서의 개념을 연결해 나갔다.

누군가 러닝머신 위에서 책을 읽으면 집중이 잘된다기에 그대로 따라 해본 적도 있다. 걷기 정도는 괜찮았지만, 뛰면서 책을 읽는 건 집중이 거의 되지 않았다. 역시 나에게 맞지 않는 방식은 아무리 따라 해도 소용이 없다.

책은 한 사람의 인생을 단번에 바꿔주는 도구가 아니다. 책을 많이 읽는다고 해서 모두 잘 사는 것도 아니다. 실제로 수많은 책에 둘러싸인 집에 살면서도 경제적으로는 힘든 사람들을 보아왔다. 즉 실행하지 않으면 아무것도 바뀌지 않는다. 그럼에도 불구하고 책이 전혀 쓸모없었던 것은 아니다. 책은 '정답'을 주기보다, 세상에는 이런 방식으로 사는 사람도 있고 저런 방식으로 사는 사람도 있다는 것을 보여주는 하나의 참고서에 가까웠다. 내 생각이 전부가 아니라는 것을 알게 해준 정도의 역할이랄까.

지금 돌아보면, 책이 인생을 바꿨다고 말할 수는 없지만 책을 통해 생각하는 방식의 방향이 조금씩 달라진 것은 분명하다. 다만 그것은 독서 때문이 아니라, 읽고 이해하려고 애쓰고, 이해되지 않으면 다른 방식으로라도 붙잡으려 했던 그 과정 덕분이었다.

# 당신이 가난한 이유는
# 간절함이 없어서가 아니다

당신이 이 책을 손에 들었다면 그 이유는 "지긋지긋한 내 인생, 어떻게 좀 바꿔볼 수 있을까?" 하는 기대감 때문일 것이다. 솔직히 말해서 지금처럼 사는 게 싫다면 당장 사는 방식을 바꾸면 된다. 바꾸고 싶은 마음만 있고 뭔가를 시도하지 않는다면, 그건 지금 삶이 진짜 바닥은 아니라는 뜻이다. 적어도 견딜 만하다는 의미다. 인생이 안 바뀌는 데에는 복잡한 이유가 없다. 바꾸기 싫기 때문이다.

사람들은 흔히 인생을 바꾸고 싶다고 말한다. 더 나은 삶을 살고, 돈도 많이 벌고, 지금과는 다른 사람이 되고 싶다고 한다. 그런데 정작 인생이 바뀔 만한 행동을 하고 있느냐고 물으면 대부분 대답을 회피한다. 이미 가진 게 많아서 잃을 게 많다면 이해라도 된다. 지켜야 할 가족이 있고, 안정적인 자리가 있고, 실패했을 때 감당해야 할 것이 크다면 도전을 망설일 수 있다. 하지만 현실을 조금만 들여다보면 대부분은 그렇지 않다. 자본도 없고, 시스템도 없고, 확실한 무기도 없다. 가진 것이라곤 시간밖에 없는데도 움직이지 않는다.

사업이라는 영역에서만 보더라도 구조는 단순하다. 돈이 엄청나게 많거나, 아니면 정보와 지식이 많아서 마케팅을 잘하거나, 이 두 가지 중 하나다. 정보와 지식이 많다는 것도 결국은 마케팅으로 이어진다. 장인이면 입소문이 나고, 그것 역시 마케팅이다. 내가 장인이 아니라면 돈으로 사람을 데려와야 한다. 그마저도 안 된다면 결국 내가 직접 나서서 알릴 수밖에 없다. 이 구조를 벗어나서 안정적으로 돈을 버는 방법은 생각보다 많지 않다.

그런데 문제는 돈도 없고, 지식도 부족하고, 마케팅도 잘 못하는 사람들이 무엇을 해야 할지를 몰라 멈춰 있다는 점이다. 하지만 뭐라도 해야 한다. 책을 읽든, 사람을 만나든, 일을 바꿔보든 작은 시도를 계속 해봐야 한다. 아무것도 하지 않으면서 인생이 바뀌길 기대하는 건, 현실적으로 말이 되지 않는다.

나는 이 과정을 주사위 던지기에 비유한다. 주사위 하나를 던져서 6이 세 번 연속 나와야 인생이 바뀐다고 가정해보자. 그럴 확률은 0.5%도 안 된다. 그렇다면 답은 단순하다. 기회가 올 때까지 던지는 횟수를 늘리는 수밖에 없다. 수십 번, 어쩌면 수백 번 이상 던져야 할지도 모른다. 중요한 건 언제 나오느냐가 아니라, 포기하지 않고 계속 던지고 있느냐는 점이다.

이 책도 읽어보고, 저 책도 읽어보고, 이 사람도 만나보고, 저 사람도 만나보고, 이 일도 해보고, 저 일도 해보는 것이 주사위를 한 번씩 던지는 과정이다. 그런데 많은 사람들이 한두 번 던져보고 결과가 없으면 바로 멈춘다. 6이 안 나왔다고 주사위를 내려놓고, 인생이 안 바뀐다고 좌절한다. 사실은 바꾸고 싶은 게 아니라 지금 삶이 그냥 편한 것이다. 그럼 그렇게 살아라. 대신 누구에게도 피해 주지 말고, 열심히 시도하고 노력해서 부를 쌓은 사람들을 욕하지 마라.

다만 여기서 한 가지를 덧붙이고 싶다. '많이 던지라'는 말은 '뇌 빼고 무작정 많이 던지라'는 뜻이 아니다. 예전에 어디선가 "동전 던지기에서 중요한 것은 동전을 몇 번 던지느냐가 아니라 던지는 방식"이라는 말을 들은 적이 있다. 같은 동전이라도 각도를 바꿔보고, 힘을 조절하며 동전을 던지는 방식 자체를 바꿔보라는 의미였다. 결국 내가 말하고 싶은 것은 '기회는 횟수로 만들고, 성공률은 방식으로 올려야 한다'

는 것이다. 곰곰이 생각해보니 책을 읽는 것도, 유튜브를 해보는 것도, 새로운 사람을 만나는 것도 결국 같은 맥락이다. 전부 주사위를 던지는 서로 다른 방법이고, 그 방법을 계속 수정해 나가는 과정이다.

대부분의 사람들은 "이거 하면 인생이 바뀔까?" 하고 주사위를 던진다. 그게 아니라, 반드시 이걸로 바꿀 거라는 전제 자체를 깔고 던져야 한다. 당장 결과가 나오지 않아도 상관없다. 5년 뒤에 바뀔 수도 있고, 두 번째 시도에서 터질 수도 있고, 세 번째 사업에서 대박이 날 수도 있다. 중요한 건 멈추지 않는 것이다.

나 역시 처음 강사를 찾아다니며 유튜브를 배웠을 때는 다 별로라고 생각했다. 하라는 대로 다 했는데도 결과가 나오지 않은 적도 많았다. 그래서 또 다른 주사위를 던졌다. 수백만 구독자 채널에 먼저 출연 제의를 했고, 그 채널에서 수천만 조회수의 영상이 나왔다. 길거리에서 사람들이 나를 알아보기도 했지만 정작 내 주머니에 들어오는 돈은 없었다. 그러다 또 하나의 주사위를 던졌다. 잘되는 채널을 똑같이 따라 하는 것이었다. 그때 처음으로 막혔던 흐름이 뚫리는 경험을 했다. 급상승 동영상 1위에 오르고, 하루에 수천 명씩 구독자가 늘었다. 한 번 성공을 체험하고 나니, 다음에는 무엇을 해야 하는지도 조금씩 보이기 시작했다.

책도 마찬가지다. 절대 많이 읽으라는 말이 아니다. 중요한 건 그 안에서 반복적으로 등장하는 이야기, 교집합을 찾아내 그대로 실행해보는 것이다. 여러 사람이 같은 말을 한다면, 그건 우연이 아니라 신호다. 그런데도 당신이 움직이지 않는다면, 그건 몰라서가 아니라 현 상황을 바꾸기 싫은 것이다.

수십 권의 책을 읽어도, 돈 벌게 해준다는 유튜브 동영상을 아무리 봐도 당신이 바뀌지 않는 이유는 능력이 없어서도, 환경이 나빠서도 아니다. 그냥 바뀌기 싫어서다.

# 2장

# 본능

## 돈 냄새를 맡는
## 야생의 감각

# “돈 좇지 마라”는
# 고상한 위선자들의 거짓말

어릴 때 돈에 대한 결핍을 겪어본 사람은 어른이 되어서도 어쩔 수 없이 돈을 의식하게 된다. 그게 자연스러운 일이다. 무언가가 부족했던 기억이 몸에 남아 있으니까. 나중에는 무엇을 하든 '돈'이라는 기준에 따라 움직이게 된다. 그런데 대한민국 사회에서는 돈을 좇지 말라고 한다. '돈 있는 놈들은 다 사기 쳐서 번 거라는 둥, 돈만 좇다가 패가망신한다는 둥, 정직하게 일해서는 큰돈 못 번다는 둥' 그렇게 돈에 대한 욕망은 금세 의심과 비난의 대상이 되고, 사람들은 돈을 벌고 싶다는 말조차 쉽게 꺼내지 못하게 된다.

프롤로그에서도 밝혔지만 나 역시 어릴 때 돈에 대한 결핍이 큰 편이었고, 부모님도 돈 때문에 싸우고 이혼하셨다. 그래서 늘 돈을 좇으며 살았다. 솔직히 10~20대에는 명확한 방향도 없이 돈을 벌었다. 예를 들어, 요즘 커피 장사가 잘된다고 무작정 카페부터 차리는 꼴이었다. 하지만 그런 선택은 결과만 보고 뛰어드는 것이지, 그 결과에 이르기까지 필요한 과정이나 축적을 고려하지 않은 것이다. 어떤 사업이든 일정한 순서와 시간이 있다. 사모펀드들이 회사를 사들일 때도 아무 회사나 사지 않는다. 어느 정도 매출이 나오고, 구조가 만들어진 다음에야 "이제 우리가 들어가서 키울 수 있겠다"고 판단되면 사는 것이다. 가장 힘든 구간이 어디인지 알기 때문에 오히려 그 지점을 노린다.

그래서 내가 말하는 돈을 좇는다는 건 "이거 돈 된다니까 해봐야지"의 느낌이 아니다. 물론, 지금까지 해온 일을 전부 그만두고 완전히 다른 일을 선택하는 게 맞는 사람도 분명 있겠지만, 이미 쌓아온 게 있다면 그것과 연결되는 영역으로 확장하는 쪽이 훨씬 빠르고 현실적이다. 이제껏 해왔던 일에서 너무 동떨어지지 않는 선에서 분야를 확장하고 이미 이 부분에서 전문성을 드러내는 사람들을 찾아 사업이 돌아가는 방식을 배우고, 일부를 모방하고, 그 위에 나만의 방식을 덧붙이는 과정이 필요하다. 그럴 때 돈이 뒤따라온다. 특히 시행착오를 겪을 여유가 없는 사람은 해당 분야에서 이미 많

은 걸 해본 사람, 바로 핵심을 알려줄 수 있는 사람을 찾는 것
이 꽤 가치 있는 일이다. 실패와 감정 소모를 줄여주고, 시간
을 아껴주기 때문이다.

문제는 많은 사람들이 이 지점에서 조급해한다는 것이다.
흰색 주사위를 조금 던져보다가 한 번도 6이 안 나오면, 바로
은색 주사위로 바꾼다. 그것도 안 되면 금색 주사위를 집어
든다. 하지만 어떤 주사위도 6·6·6이 나올 때까지 충분히 던
지지 않는다. 하나를 세내로 던져보기도 전에 "이건 아닌 깃
같다"고 결론을 내려버린다. 그건 돈을 좇는 게 아니라, 불안
과 조급함에 휘둘리는 것이다.

가끔 일하는 중에 엄마가 전화를 하실 때가 있는데 한번은
이런 대화를 나눈 적이 있다.

"진우야, 밥은 먹고 일하니? 너무 무리하지 마라. 몸 상한
다."

"뭔 소리야. 지금 젊을 때 열심히 해야지."

"지금도 충분하잖아. 너무 욕심부리지 마, 탈난다."

"욕심? 돈 벌고 싶은 게 왜 욕심이야?"

"욕심이지."

"그러니까, 그게 왜 욕심이냐고? 내가 열심히 안 하면 엄마
생활비는 누가 줘?"

"…"

곱씹어 볼수록 참 이상한 대화다. 아들이 매달 300만 원씩 생활비를 보내는 건 너무도 당연하게 받아들이면서, 더 벌기 위해 애쓰는 건 '욕심'이라고 말한다. 어른들은 늘 "돈을 많이 벌려는 건 욕심"이라고 말한다. 그러면서도 생활비로는 더 큰돈을 받고 싶어 한다. 누군가의 삶을 유지하기 위해서 돈은 꼭 필요한 것인데도 그 돈을 벌기 위해 더 노력하는 건 왜 비난의 대상이 되는지 모르겠다. 왜 돈을 좇으면 안 되는지에 대한 이야기는 없다. 그냥 '욕심'이라고만 한다. 하지만 욕심이라는 말은 너무 추상적이다. 모든 선택에는 반드시 '왜'가 필요하다.

나는 이 책을 '왜' 쓰고 있는 걸까? 명예를 얻고 싶어서일 수도 있고, 주변에 자랑하고 싶어서일 수도 있다. 돈은 '왜' 더 많이 벌고 싶은가? 아버지가 돌아가셨을 때 안정적인 수입이 있었고, 그 덕분에 가족이 덜 불안해하는 모습을 보았기 때문일 수도 있다. 아버지에게 비싼 시계를 사드렸을 때 느꼈던 뿌듯함 때문일 수도 있고, 더 좋은 차를 타고, 더 자유로운 삶을 살고 싶어서일 수도 있다. 이런 이유들은 모두 충분히 솔직하고 인간적인 동기다.

그런데도 우리는 종종 돈에 대해 말할 때만 유독 도덕적인 잣대를 들이댄다. 돈은 나쁜 거라는 식으로 가르치면서 동시에 열심히 살라고 말하고, 성공하라고 말한다. 욕심의 기준

역시 마찬가지다. 누군가에게는 베스트셀러 5위가 욕심일 수 있고, 누군가에게는 책을 출판하는 것 자체가 욕심일 수 있다. 부자의 기준도 사람마다 다르다. 어떤 사람에게는 50억이면 부자고, 어떤 사람에게는 200억이어야 부자다. 실제로 통계상 우리나라 상위 0.1%의 기준은 순자산 50억이다. 이렇게 기준은 구체적일 때만 의미를 갖는다. 그래야 비교도, 선택도 가능해진다.

결국 돈도 다르지 않다. 자랑하고 싶지 않은 사람은 없다. 아이를 낳으면 아이를 자랑하고, 강아지를 키우면 강아지를 자랑한다. 내가 살아온 결과가 눈에 보이는 형태로 남아 있다면, 그걸 보여주고 싶은 마음은 아주 자연스럽다. 건물이든, 사업이든, 어떤 성취든 그것은 내가 어떻게 살아왔는지를 보여주는 흔적이기 때문이다.

그래서 나는 돈을 좇지 말라는 말은 너무 단순하고, 너무 무책임하다고 생각한다. 문제는 돈이 아니라 방식이다. 아무 생각 없이 좇느냐, 이유를 알고 축적하느냐의 차이다. 돈은 어떤 선택을 반복했고, 어떤 방향으로 시간을 써왔는지가 쌓여서 만들어지는 것이다.

# 의지박약인 나를
# 연봉 10억으로 만든 '환경 감옥'

"나 다음 달부터 월 1,000만 원 벌 거야."

이렇게 의지를 다지는 것만으로 월 1,000만 원을 벌 수 있다면, 세상에 가난한 사람은 없을 것이다. 마음먹는 대로 돈이 벌렸다면 이미 다들 부자가 됐겠지. 월 2,000~3,000만 원을 버는 사람들만 있는 환경으로 들어가면, 당장은 아니더라도 두세 달, 길어야 네다섯 달 뒤에는 나도 그 근처에서 노는 사람이 된다. 이유는 간단하다. 그 환경에서는 이미 그 돈을 버는 방식이 일상적이기 때문이다. 방법을 숨기지도 않고, 굳이 가르치려 애쓰지 않아도 자연스럽게 보인다. 그래서 백날 의지를 다지는 것보다는 환경 자체를 바꾸는 게 훨씬 빠르다.

솔직히 의지로 인생이 바뀌는 사람은 거의 없다. 오늘부터 열심히 하겠다고 마음먹고, 그 다짐을 끝까지 지키는 사람이 과연 얼마나 될까. 이 책을 읽는 사람이 1,000명이라면, 그중에서 의지 하나로 계획을 전부 지켜낸 사람은 단 한 명 있을까 말까일 것이다. 의지가 약해서가 아니라 사람이라는 게 원래 그렇다. 그런데 환경을 바꾸면, 의지가 없어도 하게 되고, 쪽팔려서라도 하게 된다. 이미 말해버렸고, 너를 보는 눈들이 있고, 빠져나가기 어려운 구조 안에 들어가 있으면 사람은 움직일 수밖에 없다. 그래서 나는 의지보다 환경이 훨씬 강하다고 생각한다.

오늘부터 영어를 하루 한 시간씩 공부하겠다고 다짐하는 사람은 많지만, 실제로 이 계획을 꾸준히 지켜내는 사람은 드물다. 극단적인 해결법이지만 영어를 쓰지 않으면 살 수 없는 환경에 들어가면 하고 싶지 않아도 살기 위해 어쩔 수 없이 영어를 공부하게 된다. 헬스장도 비슷하다. 오늘부터 운동을 하겠다고 다짐만 하면 잘 안 가게 되지만, 비싼 돈 주고 PT를 끊어놓으면 다르다. 한 번에 6만 원씩 날아가는데, 그 돈이 아까워서라도 가게 되니까. 이게 환경의 힘이다.

나 역시 그렇게 환경을 바꿔왔다. 잘나가는 대형 유튜브 채널에 제의해서 운 좋게 나가게 된 뒤부터, 나는 먼저 사람들에게 연락을 하며 다가가기 시작했다. 같은 채널에 함께 나왔던 사람들, 이미 어느 정도 검증이 된 사람들, 사업을 잘하고 있는 사람들에게 계속 접촉을 시도했다. 그리고 그들에게 "사업을 더 잘하고 싶다", "좀 배우고 싶다"고 솔직하게 말했다.

그렇게 인맥을 쌓아가면서 여러 모임들이 생겨났다. 유튜브를 하는 사람들 사이에서도 그냥 인플루언서로 남고 싶은 사람, 방송만 하고 싶은 사람, 사업을 하고 싶은 사람 등 길이 나뉜다. 나는 고민 없이 사업하는 쪽을 선택했다. 그리고 그 안에서도 한 달에 1,000만 원을 목표로 하는 사람, 억 단위를 바라보는 사람, 엑시트를 준비하는 사람들로 갈린다. 나는 자연스럽게 엑시트를 이야기하는 사람들 쪽으로 방향을 잡았다. 그러다 보니 요즘 내 주변에는 회사를 키워서 엑시트를 한 사람들, 또 새로운 사업을 준비 중인 사람들이 많다.

어떤 사람들은 "재는 요즘 돈에 미쳐서 저런 사람들만 만나고 다닌다"고 나를 욕하기도 한다.

그 말이 틀렸다고 생각하지 않는다. 다만, 인생에는 시절 인연이 있다고 생각한다. 사람과의 인연은 붙잡는다고 되는 것도 아니고, 피한다고 피할 수 있는 것도 아니다. 때가 되면 생기고, 때가 지나면 떠난다. 내게도 그런 인연의 조건이 바뀌었을 뿐이라고 생각한다. 예전에는 위로가 필요했고, 공감이 필요했고, 같은 처지의 사람이 필요했지만 지금은 다르다. 나에게 필요한 건 위로가 아니라 기준이고, 공감이 아니라 자극이며, 안주가 아니라 다음 단계의 환경이다. 그래서 자연스럽게, 그 조건에 맞는 사람들과 더 자주 만나게 된다. 억지로 골라 만난다기보다 맞지 않는 관계들이 하나둘 정리되고 맞는 인연들이 남는 쪽에 가깝다. 그래서 누군가 보기에는 내가 돈에 미쳐서 사람을 가려 만나는 것처럼 보일지도 모른다. 하지만 내 입장에서는 그저 시설이 바뀌었고, 인연의 조건이 달라졌을 뿐이다. 지금의 나에게 맞지 않는 관계를 붙들지 않는 것, 그리고 지금의 나에게 필요한 환경으로 스스로를 옮기는 것이 내가 선택한 방향이다.

나는 지금도 계속해서 환경을 바꾸는 중이다. 내가 다양한 모임에 나가는 이유도 여기에 있다. 돈을 좀 벌게 되고, 직원이 20명쯤 생기면, 사람은 착각하기 시작한다. '이 정도면 괜찮은 거 아닌가' 하고. 그럴 때일수록 한 단계 위의 환경으로 가서 느껴야 한다. '아, 나는 아직 좆밥이구나. 내가 아직도 병신 같은 선택을 하고 있구나.' 그 감각을 계속 잃지 않아야 한다.

노가다를 하든, 어떤 일을 하든 상관없다. 하루에 10만 원을 벌었다면, 쉬는 날에는 전혀 다른 환경으로 가봐라. 늘 보던 사람 말고, 내가 모르는 사람들 속으로 들어가야 한다. 그들이 어떻게 사는지, 어떤 생각을 하는지, 무엇을 기준으로 판단하는지를 봐야 한다. 그 환경에 노출되는 것만으로도 사람은 조금씩 바뀐다. 바로 바뀌지는 않는다. 하지만 1~2년이 지나면 분명히 달라진다.

나는 이걸 동물에 비유하곤 한다. 길에서 사는 고양이는 늘 경계심이 가득하다. 얼굴에 주름이 잡혀 있고, 눈빛이 다르다. 반면 집에서 사랑받으며 자란 고양이는 표정부터 다르다. 강아지도 마찬가지다. 환경이 표정을 만들고, 태도를 만들고, 결국 삶의 방향을 만든다. 그래서 환경이 의지보다 강하다고 주장하는 것이다.

의지는 쉽게 꺼지지만 환경은 사람을 계속 밀어붙인다. 자존감이 조금 깎이더라도, 내가 지금 있는 자리보다 한 단계 높은 곳으로 가라. 거기서 불편함을 느끼고, 부족함을 느끼고, 다시 움직일 힘을 얻어야 한다.

정말 인생을 바꾸고 싶다면, 마음부터 다잡으려 하지 말고 자리를 옮겨라. 의지를 키우겠다고 다짐하기 전에 도망칠 수 없는 환경부터 만들어라. 그게 내가 여기까지 오면서 배운 가장 확실한 방법이다.

# 요즘 사람들이 모이는 플랫폼

- **트레바리**: 책을 매개로 한 유료 독서, 토론 모임 플랫폼. 단순 독서회가 아니라 정해진 기간, 정원, 주제로 운영되는 구조적인 모임이다.

- **소모임**: 지역/관심사 중심 오프라인 취미·친목 모임 플랫폼. 취미, 운동, 여행, 문화생활 등 다양한 모임이 올라와 있다.

- **문토**: 관심사 기반 취미/동네 친구 모임 앱. 원데이 클래스까지 찾아볼 수 있어 초보자에게도 좋다.

- **온오프믹스**: 다양한 강의, 세미나, 소규모 행사·모임 정보를 확인 가능한 플랫폼. 배움+네트워킹 목적에 좋다.

- **당근마켓 모임**: 동네 이웃과 자유롭게 모이고 연결되는 서비스로, 운동· 독서·맛집 등 다양한 주제를 지원한다.

# 하루 18시간 몰입,
# 죽지 않고 돈이 된다

뭘 하든 초반에는 목숨을 걸어야 한다고 생각한다. 어느 정도 자리가 잡히기 전까지는 건강이니 균형이니 하는 말을 너무 일찍 꺼내지 말아야 한다. 그런 건 경쟁 사회에서 일단 생존하고 나서 이야기해도 늦지 않다.

나는 아버지가 폐암으로 돌아가시기 6개월 전 정도부터 본격적으로 돈을 벌기 시작했다. 그 시기부터 한 달에 3,000만 원 이상을 꾸준히 벌었다. 건강이 중요하지 않다는 건 아니지만 내가 하는 일에서 안정적으로 자리를 잡기 위해 정말 많이 할 때는 하루에 18시간씩 일할 때도 있었다. 그 정도로 일한다고 해서 사람이 쉽게 죽지 않는다. 지금 돌아보면 몸에 좋은 생활은 아니었지만, 그 시기를 지나오지 않았다면 지금의 나는 없었을 것이다.

일 중독자로 유명한 일론 머스크는 테슬라와 스페이스X를 동시에 이끌던 시기에 하루 16시간에서 18시간씩 일하는 생활을 수년간 반복했다. 공장에서 쪽잠을 자고, 회의실 바닥에서 밥을 대충 때우며 주 100시간 이상 일한 이야기는 이미 잘 알려져 있다. 머스크는 이 시기를 두고 "지옥 같았다"고 말한다. 실제로 그는 인터뷰에서 극심한 스트레스와 수면 부족, 건강 악화를 겪었다고 솔직하게 인정했다. 그럼에도 불구하고 그는 "그 시기가 없었다면 테슬라도, 스페이스X도 없었을 것"이라고 말했다.

중요한 건 머스크가 평생을 그렇게 살았다는 게 아니다. 그도 한 인터뷰에서 "지금은 그런 식으로 일하지 않는다"고 말했다. 사업 초반, 회사가 무너질지 살아남을지 갈리는 구간에서만 그렇게 살았다는 것이다. 시스템이 만들어지고, 사람이 붙고, 구조가 안정된 이후에는 일을 분산시키고 속도를 조절했다. 이게 핵심이다.

성공한 사람들이 미친 듯이 일한 건 '성향'이 아니라 '구간'의 문제다. 초반에는 아무도 책임져주지 않기 때문에, 누군가는 자기 인생을 갈아서라도 버텨야 한다. 그걸 통과한 다음에야 비로소 균형, 건강, 지속 가능성 같은 이야기가 가능해진다.

많은 사람들이 너무 빨리 타협하려고 하는 경향이 있다. 아직 아무것도 만들어 내지 못했는데, 벌써부터 "무리하면 안 된다", "건강이 우선이다", "워라밸을 지켜야 한다"는 되도 않는 말을 꺼낸다. 어느 정도 올라오기 전까지는, 적어도 내가 설 자리를 만들기 전까지는, 죽기 살기로 해보는 구간이 반드시 필요하다.

나는 준비가 다 된 다음에 시작하겠다는 완벽주의도 극혐한다. 완벽하게 준비된 다음에 시작하겠다는 사람치고, 실제로 완벽하게 해내는 사람을 본 적이 없다. 그렇게 완벽주의자로 살아오면서, 인생에서 단 한 번이라도 완벽하게 해낸 게 있느냐고 묻고 싶다. 대부분 없다. 솔직히 지금 이 책을 읽고 있는 당신이 정말 완벽했으면, 여기까지 오지도 않았고 이 책을 읽을 필요도 없다. 그냥 해라. 닥치고 해라.

나 역시 미루고, 망설이고, 피할 때가 있다. 사람이 어떻게 매번 열정에 불타오를 수 있겠는가. 그래도 10번 중에 7~8번은 그냥 한다. 누군가와 약속을 했던 날 아침, 디스크 때문에 허리가 너무 아파서 일단 병원에 가고 약속을 다른 날로 미룰까 엄청 고민했다. 하지만 상대방이 이미 출발했다는 말을 듣고는, 생각을 접고 움직였다. 막상 만나서 이야기해보니 더 잘 풀렸고, 더 깊은 대화가 오갔다. 인생이 늘 그렇다.

닥치고 해보면 생각보다 괜찮다.

누군가 당장 아무것도 없는 사람이 월 1,000만 원도 벌고 인생을 바꿀 수 있느냐고 묻는다면, 나는 망설이지 않고 그렇다고 말할 수 있다. 나 역시 불과 몇 년 전까지만 해도 빚이 2억 원이었고, 보증금 50만 원에 월세 40만 원짜리 집에서 살았다. 지금 사는 집으로 이사 온 지도 고작 3년 남짓이다. 4년 전만 해도 상황은 완전히 달랐다. 사람은 생각보다 빠르게 올라갈 수 있다. 문제는 방향을 모른다는 데 있을 뿐. 나는 이 책을 통해서 당신이 지금 어느 정도의 바닥을 기고 있든지 간에 한 달에 1,000만 원은 만들어 낼 수 있는 구체적인 방법들을 알려줄 것이다. 그것을 자신에게 적용하고 따라 한다면 누구든 3~4년 안에 수십억의 자산을 만들 수 있을 것이다.

# 좋아하는 일 찾다가 굶어 죽는다, 돈 되는 것부터 해라

- 좋아하는 일이면서 돈도 되는 일
- 좋아하는 일이지만 돈은 안 되는 일
- 좋아하지도 않고 돈도 안 되는 일
- 좋아하지는 않지만 돈이 되는 일

당신은 이 중에서 어떤 일을 선택할 것인가?

좋아하는 일로 먹고살 수 있으면 좋겠지만 냉정하게 말하면, 그런 일을 처음부터 단번에 찾는 건 쉽지 않다. 재능도 필요하고, 운도 필요하고, 타이밍까지 맞아야 한다. 그래서 많은 사람들이 현실적으로 두 번째 선택지로 향한다. 좋아하고 재미있어 보이는 일을 택하는 것이다. 특히 나이가 어릴수록 더 그렇다. 아르바이트를 구할 때도 "재밌어 보이는지", "적성에 맞을 것 같은지"를 먼저 따진다. 문제는 그 일이 계속 좋게만 남지 않는다는 데 있다. 시간이 지나고 나이가 들수록, 돈이 되지 않는 일은 점점 부담으로 바뀐다. 정말 타고난 천직이 아니라면, 결국 좋아하던 일도 버거워지기 마련이다. 그렇게 좋아하던 일은 서서히 싫증이 나고, 어느 순간부터는 그서 생세를 위해 억지로 붙들게 된다. 이쯤 되면 '좋아하지만 돈 안 되는 일'은 '좋아하지도 않고 돈도 안 되는 일'로 변한다. 많은 직장인들이 바로 이 지점에 머물러 있다. 출근은 하지만 의미를 찾지 못하고, 그만두기엔 불안해서 계속 다니는 상태로.

좋아하는 일도 결국은 싫어지는 순간이 온다. 처음엔 재미있어서 시작했지만, 반복되면 노동이 된다. 예를 들어, 당신이 그림 그리는 것을 좋아한다고 해보자. 그림 한 장을 완성하는 데 10시간이 걸린다면 엉덩이를 붙이고 10시간을 버틸 수 있느냐는 질문을 스스로에게 던져야 한다. 그게 안 된다면, 그건 직업이 아니라 취미다. 취미는 취미로 둬라. 취미에 억지로 돈을 엮으면서 스스로를 괴롭히지 말고.

돈은 돈이 되는 걸로 벌어야 한다. 그리고 그 돈으로 사람을 쓰고, 시간을 사고, 여유를 만든 다음에 좋아하는 걸 해라.

왜 굳이 좋아하는 걸로 먹고살겠다고 버티다가, 좋아하는 것마저 미워지게 만드는지 모르겠다.

부자들은 대개 목표를 크게 잡으라고 한다. 나는 40살 이전에 매출 1,000억 원을 만들겠다는 목표를 세웠다. 내가 이렇게 말했을 때 내 주변에는 믿는 사람이 있다. 내가 이미 한번은 올라가봤기 때문이다. 하지만 월 300만 원 벌 때 이 말을 했다면 아마 다들 비웃었을 것이다. 재미있는 사실은 목표를 크게 말해두면, 창피해서라도 간다는 것이다. 1억을 말해두면 5,000만 원까지는 간다. 5,000만 원을 말하면 3,000만 원은 간다. 아무 말도 하지 않으면? 그대로다. 그래서 목표는 스스로를 압박하기 위해서라도 크게 말해두는 게 낫다.

요즘 사람들은 돈을 벌고 싶어 한다. 그래서 강의도 듣고, 책도 사고, 영상도 본다. 그런데 대부분은 돈을 벌지 못한다. 이유는 문제를 풀지 않기 때문이다. 이게 무슨 말이냐면, 우리가 학원에 다니던 때를 떠올려 보자. 선생님이 칠판에 개념을 설명해주고, 문제지를 주고, 데드라인을 정해주니까 어쩔 수 없이 한다. 하지만 성인이 되면 "이거 하면 돈 됩니다"라는 말을 들어도 정작 움직이지 않는다. 아는 것과 하는 것은 전혀 다른데도, 사람들은 '알았다'는 상태에 머문다.

실행은 그냥 한번 해보는 것이 아니라 돈이 될 때까지 가보는 것이다. 대부분은 중간에 멈추고 "이건 별로네요", "저랑 안 맞아요"라고 말한다. 끝까지 가보지도 않고 결론부터 내린다. 좋아하는지, 잘하는지는 중요하지 않다. 끝까지 해봤느냐가 전부다.

돈이 되는 일은 생각보다 단순하다. 끝까지 가는 사람이 거의 없기 때문에 끝까지 간 사람만 달콤한 열매를 얻을 수 있다. 그러니 순서를 헷갈리지 말았으면 좋겠다. 좋아하는 걸 하느냐, 돈이 되는 걸 하느냐를 고민하기 전에, 먼저 돈이 되는 걸로 살아남아라. 그리고 그걸 끝까지 해라. 좋아하는 건, 그다음에 해도 늦지 않다.

# 우주에 빌지 말고,
# 당장 나가서 전단지라도 돌려라

요즘 20~30대들은 인스타그램과 유튜브에서 "나는 10억을 벌 거다", "나는 100억 사업가가 될 거다" 이런 선언을 아주 쉽게 한다. 솔직히 말해서, 나는 그런 걸 볼 때마다 이런 생각이 먼저 든다.

"그래서 뭘로 벌 건데?"

말은 번지르르한데, 정작 무엇으로 돈을 벌겠다는 건 없다. 방향도 없고, 구조도 없다. 그냥 '될 거다'라는 선언만 있다. 소위 잘나가는 사업가, 인플루언서들이 퍼뜨려 놓은 끌어당김의 법칙, 확언, 시크릿 같은 메시지가 무분별하게 퍼지면서부터다. 생각만 바꾸면 현실이 바뀌고, 마음으로 이미 이

뤘다고 믿기만 하면 결과는 따라온다는 이야기다. 실제로 그렇게 성공했다고 말하는 사람들의 사례가 반복해 소비되면서, 사람들은 어느 순간 중요한 한 가지를 통째로 건너뛰기 시작했다. 바로 '실천'이라는 과정이다.

원래 끌어당김의 본질은 행동에 있다. 선택을 바꾸고, 환경을 바꾸고, 습관을 바꾸는 데서 결과가 나온다. 그런데 지금은 선언 자체가 목적이 되어버린 분위기다. 아무것도 하지 않아도, 말만 해두면 언젠가는 이뤄질 것 같다는 착각에 빠져 있는 사람들이 많다. 선언을 해두면 마치 이미 반쯤은 성공한 것 같은 기분이 들고, 그 기분에만 빠져 현실을 외면한다. 그래서 사람들은 더 쉽게 말하고, 더 크게 말한다. 하지만 그 말에 책임을 지는 사람은 거의 없다.

이 태도는 긍정도, 믿음도 아니다. 현실을 마주하기 싫어서 자기 위안을 하는 가장 편한 방식에 가깝다. 아직 월 300만 원 구조도 못 만든 사람이 100억을 이야기하고, 어떤 시장에서 경쟁할지도 모른 채 사업가를 자처한다. 100억, 200억은 장난이 아니다. 1년에 매출 10억을 만드는 것도 쉽지 않다. 그런데 아무런 파이프라인도 없이 "나 100억 할 거야"라고 말하는 태도가 나는 너무 싫다. "안 되면 말고"라는 식의 자세로는 절대 위로 못 올라간다.

나는 끌어당김 자체를 부정하진 않지만 지금 유행하는 방식은 분명 부작용에 가깝다고 생각한다. "믿으면 이뤄진다"는 신념은, 마음은 잠시 편하게 해줄지 몰라도 노력 없는 상상에 갇히게 만들고, 시간이 지나면 실망만 남아 "아무리 믿어도 이뤄지지 않더라", "나한테는 그 방법이 안 맞더라", "끌어당김의 법칙은 개구라다"라면서 욕한다. 이뤄질 만큼 움직이지도 않았으면서 그걸 인정하기 싫은 것이다. 구조를 만들지도 않았고, 시장에 몸을 던져보지도 않았고, 실패할 각오조차 하지 않았다. 선언은 책임이 따라올 때 비로소 힘을 가진다. 끌어당김은 인생을 끌어올리는 도구가 될 수도 있고, 아무것도 하지 않게 만드는 가장 달콤한 핑계가 될 수도 있다.

유튜브 업계에서 매너리즘에 가장 빨리 빠지는 사람들은 의외로 유명해진 사람들이다. 조회수는 나오고, 사람들은 알아보는데 정작 돈은 안 되는 경우다. 나도 그런 시기가 있었다. '직업의 모든 것'이라는 채널에 나가고 나서 조회수는 천만 단위로 터졌다. 길을 가다 보면 사람들이 알아볼 정도였는데 이상하게 기분이 좋지 않았다. 돈을 벌려고 시작했는데, 유명해지기만 하고 돈은 안 됐기 때문이다.

유명해지는 게 목표인 사람도 있고, 영향력을 갖고 싶은 사람도 있다. 그런데 만약 당신이 정말로 돈을 벌겠다면, 유튜브든 인스타그램이든, 인플루언서가 되기 전에 반드시 한 분야에서 일정 수준 이상의 전문성은 만들어야 한다. 최소한 '아, 이 사람은 이거 하나는 안다(혹은 잘한다)'라는 소리는 들어야 한다. 아니면 적어도 많은 시행착오와 경험이라도 쌓아야 한다.

한 분야에서 반드시 1등일 필요도 없고, 정점이 아니어도 된다. 다만 2등급, 3등급 정도는 찍어봐야 한다. 수능에 비유하면 이해하기 쉽다. 국어만 1등급이고 나머지가 7등급이면 서울에 있는 대학은 못 간다고 봐야 한다. 하지만 국영수사탐이 2~3등급으로 고르게 나오면, 수도권에 있는 4년제 대학은 갈 수 있다. 사업도 마찬가지다. 하나를 극단적으로 잘하는 방법도 있지만, 그건 너무 어렵고 리스크가 크다. 나도 해보지 못했다. 그래서 돈을 버는 현실적인 방법은 두 가지다.

첫 번째는 하나의 파이프라인을 끝까지 뚫어서 말도 안 되는 수준의 전문성과 마케팅, 시스템을 만들고 엑시트하는 방식인데, 이건 난이도가 너무 높고, 시장 흐름 하나 잘못 타면 한순간에 무너진다. 부동산이 딱 그렇다. 그래서 나는 2~3등짜리 파이프라인을 여러 개 만드는 방법을 택했다. 휴대폰, 부동산, 콘텐츠, 강의… 하나하나는 완벽하지 않아도, 여러 개가 모이면 위로 올라갈 수 있다.

나는 허황된 선언을 믿지 않는다.

"100억 할 거예요."

"안 되면 말죠."

이 태도는 죽었다 깨어나도, 진짜 판에서 버티는 사람들 발끝도 못 따라온다. 사업가들이 제일 중요하게 보는 건 '말'이다. 한 번 한 말을 지키지 못했을 때의 그 무게감을 견딜 수 있을 때 뱉어야 한다.

솔직히 말해서 나의 작년 목표는 전 계열사 합산 매출 60억이었지만, 결과는 20억 남짓이었다. 직원들에게 미안했고, 창피했다. 그래서 올해 목표를 말할 때도 가볍게 던지지 않게 되었다. 내가 카카오 프로필에 '100억'이라고 적어둔 것도 나 스스로에게 책임을 지우기 위한 선언이다. 안 되면 욕먹어야 하고, 도움을 청해야 한다. 또 "내년에는 꼭 할게요"라는 말로 넘어갈 생각은 없다. 괜히 떠벌려 놓고 결과가 따라오지 않으면, 그 말은 반드시 내게 가시가 되어 돌아온다. "야, 너 100억 한다며?" 이 한마디가 얼마나 무서운지 사업을 해본 사람은 안다.

올해는 '휴대폰 잘 파는 법, 유튜브 하는 법, 부동산 키우는 법' 세 개를 강의를 만든다. 몸을 갈아 넣을 생각이다. 책도 쓰고, 강의도 하고, 기존에 하던 휴대폰 매장과 부동산 사업을 병행하며, 다양한 여러 파이프라인을 만들려고 준비 중이다. 하나하나 쌓아서 오래 가려고 한다. 멋있어 보이기 위한 삶도 아니고, 이건 말한 것에 책임지기 위해 선택한 것이다.

나는 더 이상 "잘될 거다"라는 말로 나를 위로하지 않는다. 대신 오늘 무엇을 쌓았는지, 어떤 선택을 했는지로 나를 평가한다. 이 책도 같은 이유로 쓰는 것이다. 엄밀히 말해 누군가를 자극하기 위해서도, 희망적인 말로 용기를 주고 싶어서 쓰고 있는 게 아니다. 이 책에 기록함으로써 나 스스로에게 약속을 하고 싶어서다. 말한 대로 살겠다는, 그 약속을 지키기 위한 증거다.

# 18살의 객기로 저질러서
# 65살의 후회를 지워라

　당신의 인생을 2명의 누군가에게 인정받고 싶다면 그 2명은 누구인가? 부모님? 친구? 연인? 배우자? 나는 딱 두 사람만을 떠올린다. 18살의 나와, 65살의 나다.

　"18살의 내가 지금의 나를 본다면 어떤 생각을 할까?"

　나는 이 질문을 꽤 자주 한다. 20살 무렵, 나는 막연하게 서른쯤에는 그럴듯한 건물 하나 정도는 갖고 있으면 좋겠다고 생각했다. 대단한 빌딩이 아니어도 괜찮았다. 원룸 건물 정도면 충분하다고 여겼다. 지금의 나는 그걸 당장 살 수 있는 위치에 와 있다. 다만 선택하지 않을 뿐이다. 이미 다른 자산과 삶의 방식이 있기 때문이다. 그렇지만 18살의 내가 지금의 나를 본다면, 아마 이렇게 말하지 않을까.

"와, 이 형 멋있다."

그 시선이 나에게는 꽤 중요하다.

"65살의 내가 지금의 나를 돌아본다면 뭐라고 할까?" 아마 "잘 살고 있다"고 말해줄 것 같다. 적어도 도망치지는 않았고, 스스로 납득할 만한 선택들을 해왔으니까.

나는 아직 건물 한 채 없는데도 건물주 모임에 가끔 얼굴을 비춘다. 20층짜리 오피스텔을 갖고 있는 형들, 나보다 훨씬 연배가 있는 사람들이 모이는 자리다. 그곳에서 나는 막내에 가깝다. 그럼에도 그들이 나를 부르는 이유는 단순하다. 얻을 게 있기 때문이다. 그 형들이 농담처럼 나에게 "이 욕심만 그득그득한 새끼야"라고 말하지만, 또 꼭 덧붙이는 말이 있다.

"그래도 너, 잘 살고 있어. 잘하고 있다고."

그 말을 들을 때마다 '아, 내가 가는 방향이 아주 틀리지는 않았구나' 싶어서 묘한 확신이 든다. 그리고 이어서 '여기서 어떻게 하면 더 잘 살 수 있을까?'라는 질문이 자연스럽게 따라붙는다. 나에게 삶은 늘 그런 방식이었다. 안 된다고 결론 내리기 전에 방법이 있는지부터 찾는 것.

그래서 나는 과거를 거의 후회하지 않는다. 앞에서도 말했지만 27~29살 무렵의 몇 년은 방황했고, 흔들렸고, 제대로 살지 못했던 시기라 기억이 잘 나지 않는다. 하지만 오히려 기억이 나지 않는 게 다행이라고 생각한다. 그만큼 다시는 그렇게 살고 싶지 않다는 분명한 기준이 생겼으니까. 반대로 서른을 넘긴 이후의 시간들은 또렷하다. 서른하나, 서른둘, 서른셋, 서른넷에 무엇을 했는지, 어떤 선택을 했는지 기억이 난다. 그만큼 지금의 나는 스스로에게 솔직하고, 현재에 살아 있다는 증거다.

나는 인생을 돌이켜보며 바꿀 수 없는 것과 바꿀 수 있는 것을 구분하려고 한다. 이미 지나간 일, 되돌릴 수 없는 선택은 붙잡지 않는다. 후회한다고 해도 바뀌지 않는다는 걸 너무 잘 알기 때문이다. 대신 지금의 행동으로 바꿀 수 있는 것에만 집중한다. 내가 움직이면 달라질 수 있는 영역만 본다. 내가 아무리 애써도 바꿀 수 없는 것은 애초에 시야에서 지워버린다.

그래서 오늘의 나는 꽤 만족스럽다. 포르쉐를 일시불로 샀고, 월세이긴 하지만 내가 선택한 집에서 살고 있다. 직원 20명 가까이와 함께 일하고, 어디를 가든 설명하지 않아도 되는 이력이 있다. 불법이 아니라 합법으로, 스스로 올라왔다는 걸 알아주는 사람들이 주변에 있다. 무엇보다, 18살의 내가 봐도 부끄럽지 않고, 65살의 내가 봐도 고개를 끄덕일 수 있는 삶을 살고 있다고 믿는다.

"지금의 나는, 그 두 사람 앞에서 떳떳하고 당당한가?"

이 질문에 크게 흔들리지 않는 한, 나는 계속 이 방향으로 갈 생각이다.

# 3장

# 레버리지

## 사람을 잃으면
## 돈도 잃는다

# 당신의 연봉은
# 당신이 만나는 5명의 평균값이다

"굳이 인맥 쌓으려고 애쓰지 마. 술자리에 나가서 사람들 관리하는 데 시간 쓰지 말고, 그럴 시간에 실력과 태도를 키워야 해. 인맥은 성공의 원인이 아니라 결과야. 인생을 짧게 보면 인맥이 도움이 되는 것처럼 보이지만, 길게 보면 결국 도움이 되지 않아. 사람은 본질적으로 이기적이기 때문에 서로에게 도움이 될 때만 돕고 실력이 없으면 관계는 자연스럽게 끊어져. 내가 실력이 높아지면 인맥은 자연스럽게 만들어지니까 차라리 인맥 관리할 시간에 자기 자신을 발전시켜야해."

한 유튜브 채널에 출연한 박진영이 한 말이다. 그의 말대로 내가 실력 없는 상태에서 맺은 인맥은 오래가지 않는다. 재능과 태도, 성실함 없이 유지되는 관계는 결국 소모적일 뿐이다. 박진영이 수십 년 동안 자기 관리를 놓지 않고, 같은 연습을 반복하며, 나이가 들어서도 무대에 설 수 있었던 이유도 인맥에 기대기보다 자신이 만족할 만한 자신의 모습을 만드는 데 열정을 쏟아왔기 때문일 것이다.

박진영의 말이 절대적으로 틀렸다는 말은 아니다. 박진영이라는 위대한 사람은 어차피 거의 모든 것을 경험해봤고, 그동안 JYP엔터테인먼트라는 회사에서 쌓아 올린 많은 지식과 인맥이 있다. 그 소속에 들어가기만 해도 인맥은 거의 충분하다고 생각한다. 하지만 JYP엔터테인먼트처럼 업력이 오래된 곳이 아니라 이제 갓 시작하는 엔터테인먼트 회사에 신입으로 들어갔다고 치자. 경험도 지식도 없는 대표에게 무엇을 배울 수 있겠는가?

그래서 정확히 말하면, 잘못된 인맥은 필요 없고, 내가 가고자 하는 환경으로 들어가기 위한 인맥은 필수라고 생각한다. 내가 월 10억을 버는 사람 곁에 있으면, 그 사람의 사고방식과 선택 기준이 나를 끌어올린다. 인간은 의지로 사는 존재가 아니라, 환경에 반응하며 사는 존재이기 때문이다.

빌 게이츠도 "사람은 자신이 가장 많은 시간을 보내는 사람들의 평균이 된다"고 말했고, 자기계발서에도 "내 주변 5

명의 평균이 내 모습이다"라는 말이 많이 나온다. 실제로 빌 게이츠의 인생을 보면, 그 말이 단순한 조언이 아니라 경험에서 나온 결론이라는 걸 알 수 있다. 빌 게이츠가 천재라서 혼자 성장한 게 아니다. 하버드라는 환경, 이미 기준이 높은 사람들 속에서 경쟁하고 부딪히며 성장했다. 그 환경이 없었다면 지금의 빌 게이츠도 없었을 것이다.

내가 월 10억을 버는 사람들과 같은 공간에 있고, 같은 대화를 하고, 같은 기준으로 이야기를 나누기 시작했을 때, 이상하게도 나의 기준도 그쪽으로 끌려 올라갔다. 반대로 그런 환경 없이 혼자서만 책을 읽고, 혼자서만 고민하고, 혼자서 '언젠가는'을 반복하던 시기에는 아무 일도 일어나지 않았다. 공부가 나쁘다는 게 아니라, 공부만으로는 판이 바뀌지 않는다는 걸 깨달은 것이다. 사람이 바뀌는 건 지식이 늘어서가 아니라, 같이 숨 쉬는 공기의 밀도가 바뀔 때다. 그래서 나는 인맥을 부정하지 않는다. 다만, 인맥을 쌓으라는 말도 하지 않는다. 대신 "사람을 관리하지 말고, 환경을 선택하라"고 말하고 싶다. 이게 내가 생각하는 인맥의 본질이다.

내가 말하는 인맥은 '관리해야 할 관계'도 아니다. 보통 사람들은 매일 전화 돌리고, 술 마시고, 생색내며 붙들어 두는 관계를 인맥 관리라고 하는데 난 그렇게 하지 않는다. 나도 사업을 시작하면서부터 인맥이 점차 늘어나 지금은 그런 대로 많은 인맥을 가졌다고 생각하는데, 혼자 방에 틀어박혀 책만 판다고 해서 인생이 바뀌는 경우는 거의 없다. 그건 이론적으로는 그럴듯해 보일지 몰라도, 현실에서는 전혀 작동하지 않는다.

실력은 혼자 자라지 않는다. 경쟁자가 모여 있는 곳에서, 기준이 높은 사람들 사이에서, 이미 판이 깔린 환경 안에서만 빠르게 단련된다. 인맥은 노력의 대체물이 아니라, 노력이 작동하도록 만드는 무대다. 그 결과를 만들어내는 환경으로 들어가지 않으면, 실력은 증명될 기회조차 없어진다. 실력이 있어도 보여줄 자리에 없으면, 그건 없는 것과 다르지 않다.

'우물 안 개구리'라는 속담이 있다. 우물 안에 있는 개구리들끼리 모여 있으면서 서로를 기준으로 삼는 상태를 말하는 것이다. 내가 말하는 '환경을 바꿔라, 인맥을 바꿔라'는 건 친구를 버리라는 뜻도 아니고, 친구라는 관계 자체를 말하는 것도 아니다. 예를 들어, 내가 공무원이 되겠다고 마음먹었다면, 전한길 강사 같은 사람에게 교육을 받는 것도 인맥이다. 그 사람을 개인적으로 아느냐가 중요한 게 아니라, 그 사람의 관점과 태도, 그가 말하는 기준 속으로 들어가는 것이 인맥을 바꾼다는 의미다. 결국 누구와 시간을 보내느냐가 삶의 방향을 바꾼다는 의미다.

나는 지금 35살이고, 유튜브를 27살에 시작했다. 지금 생각하면 8년 전은 유튜브를 시작하기에 상당히 빠른 시기였다. 1~2년 동안 영상을 100개 가까이 올렸다. 대부분의 사람들은 그 전에 포기했겠지만 나는 100개를 올리고도 구독자 1,000명이 안 됐고, 조회수 1만이 넘는 영상이 하나도 없었다. 그때 방향을 바꿨다. 강의를 들으러 다니고, 책을 읽고, 배우기 시작했다. 그리고 '직업의 모든 것'이라는 채널에 "나는 이러이러한 사람인데 한번 출연하고 싶다"고 이메일을 보냈다. 그 과정에서 방법을 알게 됐고, '아, 이렇게 하는 거구나'를 깨달았다. 그 이후로 나는 예전 친구들을 거의 만나지 않는다. 지금은 나보다 기준이 높은 사람들, 이미 그 판 안에 있는 사람들하고만 시간을 보낸다.

그 결과가 지금의 '집공략' 유튜브 채널이다. 구독자 수가 30만이 넘었다. 이건 내가 혼자 잘해서가 아니다. 함께하는 사람들이 옆에 있었고, 알려줬기 때문에 가능했다. 많은 사람들이 인맥을 만들 때 '저 사람한테서 뭔가 얻어야지'라는 마음으로 접근한다. 그 마음 자체는 괜찮다. 다만 진실돼야 한다. "도와주세요"보다는 "배우러 왔습니다"라는 태도가 훨씬 현명하다.

특정한 사람에게 직접적으로 다가가는 것이 어렵다면 다양한 소모임에 참석해보는 것도 좋다. 그 모임에서 돈을 벌 수 있는 아이디어를 얻으러 간다는 생각으로, 여자를 꼬셔봐야겠다는 생각으로, 나와 다른 생각을 가진 사람이 모인 곳에 놀러 간다는 생각으로 참석해도 된다. 중요한 건 그 환경에 한 번이라도 몸을 던져보는 거다. 그게 인맥을 바꾼다는 것의 의미다.

그리고 내 주변 사람들 중에 내가 제일 잘났다면, 그 인생은 이미 위험하다. 내 주변 다섯 명이 비슷한 삶을 살고 있다면, 나도 그 근처에서 멈출 확률이 높다. 그렇다고 처음부터 빌 게이츠, 워런 버핏, 저커버그 같은 사람을 만나겠다고 덤비라는 말은 아니다. 애초에 그런 사람들은 당신을 만나주지도 않는다. 나보다 한 단계, 두 단계 위의 사람부터 차근차근 올라가야 한다. 갑자기 커리어 점프를 할 수는 없다. 그게 가능했으면 이 책을 읽고 있을 게 아니라, 다른 세계의 이야기를 읽고 있어야 한다.

인맥은 필요하다, 절대적으로.

# 2030이 뚫어야 할 귀인, 40대가 지켜야 할 태도

마크 저커버그는 20대 초반에 이미 또래들과만 어울리는 걸 멈췄다. 그가 페이스북을 키우던 시절, 가장 많이 붙어 다닌 사람들은 동년배 창업가가 아니라, 이미 회사를 만들어본 창업자, 투자자, 법률가들이었다. 피터 틸, 숀 파커 같은 인물들은 단순한 인맥이 아니라 "게임의 규칙을 설명해주는 사람들"이었다. 저커버그가 20대에 비교적 빨리 성장한 이유는 천재성보다 자기 나이에 어울리지 않는 사람들과 일찍부터 같은 테이블에 앉았기 때문이라고 생각한다.

국내에서도 20대에 빠르게 성장한 창업자들을 보면 공통점이 있다. 동기들이 세상의 기준에 맞춰 취업 준비를 할 때,

이들은 VC(벤처캐피탈), 선배 창업자, 액셀러레이터를 찾아다녔다. 술자리 친구가 아니라, 이미 한 번 실패해봤거나 성공해본 사람들을 만난 것이다. 그 결과, 이들은 시행착오를 '겪지 않아도 되는 영역'과 '직접 겪어야 하는 영역'을 구분하며 성공의 사다리에 빠르게 올라탈 수 있었다.

당신이 20대라면, 무조건 30대 인맥부터 뚫어야 한다. 혹여나 조금 돈을 벌기 시작했다고 친구들 앞에서 떵떵거리며 밥 사고, 술 사고, 여자친구를 백화점에 데려가 "아무거나 골라" 같은 말이나 해서는 안 된다. 그 돈은 거기에 쓰는 게 아니다. 그럴 돈이 있다면 차라리 당신보다 한 단계 위에 있는 30대 형들을 만나라. 밥이든 술이든 대접하며 위에 있는 사람의 시간을 사서 배우는 경험이 필요하다. '대접'이라는 말을 오해하지 않았으면 좋겠다. 꼭 큰돈을 써야 접대가 아니다. 내가 배우고 싶은 영역에 있는 사람에게 술 한 번 사는 것도 접대고, 커피 한 잔도 접대다. 중요한 건 그 행위를 통해 그 사람의 관점과 판단을 가까이에서 배우는 것이다.

많은 20대들이 "30대 형들이 저를 만나줄까요?"라고 묻곤 한다. 내가 30대가 되어보니 의외로 30대들은 20대를 만나는 걸 싫어하지 않는다. 진짜로 배우겠다는 태도로 오면 귀엽게 바라보고, 솔직히 말하면 같이 술도 한잔 마시고 싶다. 요즘 트렌드가 뭔지, 20대는 어떻게 노는지 듣는 것도 재미

있기 때문이다. 20대들이 잘 다가오지 않을 뿐, 생각보다 문은 열려 있다.

20대 때 이것저것 부딪혀 보며 "이건 해도 의미 없다", "이건 해볼 만하다"는 감이 어느 정도 생겼다면 30대부터는 업계의 더 많은 1등들을 만나야 한다. 감이 생겼다고 해서 틀리지 않는 건 아니다. 여기서 또 착각하면 안 된다. 30대는 악수를 줄이는 게 목표지, 도전을 멈추는 게 목표가 아니다. 이 시기에는 내가 살하는 게 무엇인지 거의 윤곽이 집히기 시작하는 시기로 더 많은 1등을 만나야 한다. 이 업계 1등, 저 업계 1등… 그 사람들이 어떤 시스템으로 돈을 버는지, 어떤 판단을 하는지 보는 것이다.

일론 머스크는 페이팔 이후에도 항공우주, 에너지, 자동차처럼 전혀 다른 분야로 사업을 확장하면서 각 분야의 최고 전문가들을 찾아다녔다. 스스로도 사업에 대한 이해를 하기 위해 모르는 것이 없을 정도로 머리를 싸매고 공부했지만, 항상 업계에서 가장 많은 것을 알고 일을 잘하는 사람을 직접 찾아다녔다. 그래서 30대의 인맥은 친목보다는 관점의 확장을 위한 만남에 초점을 두는 것이 현명하다고 생각한다.

"저 사람은 어떻게 저런 구조를 만들었지?"

"나는 왜 저런 생각을 못했을까?"

이러한 질문을 하면서 자기 시야가 얼마나 좁았는지를 깨닫고, 문제를 해결하는 방식이 하나가 아니라는 것, 같은 시장에서도 접근법에 따라 전혀 다른 결과가 나온다는 것을 보는 것이다. 30대의 만남은 사고의 틀을 깨는 자리다. 누군가의 성공 공식을 그대로 베끼는 게 아니라, 그 사람이 어떤 판단을 반복해왔는지를 읽어내는 과정이다. 그렇게 관점이 넓어질수록 선택지는 늘어나고, 선택의 무게를 감당할 수 있는 힘도 함께 생긴다. 그래서 30대의 인맥은 사람을 늘리는 일이 아니라, 생각의 층위를 높이는 일에 가깝다.

그렇다면 40대에는 어떨까. 나는 아직 40대는 아니지만 연매출 100억 원 이상 하는 형들에게 수도 없이 들은 이야기다. 40대는 인생의 '피크'에 가까운 시기다. 위로는 50대의 성공한 회장급들이 있고, 아래로는 치고 올라오는 30대들이 있으며 정보가 사방에서 쏟아진다. 40대의 위치는 30대를 어떻게 보냈느냐에 따라 결정되는데, 내가 30대에 돈을 번 이유도 결국 20대에 시간을 갈아 넣었기 때문이다.

누군가 내게 이렇게 물었다.

"그 많은 인맥을 유지하는 거 힘들지 않아요? 저는 인맥 관리하는 게 부담스럽던데…."

"인맥을 왜 관리해요?"

나는 인맥을 '관리'한다고 생각하지 않는다. 몇 달에 한 번 "잘 지내세요?" 한마디 던지는 정도면 충분하다고 생각한다.

술자리를 만들 필요도 없고 커피 한 잔 하면서 물어보고 싶은 거 몇 가지만 물어보면 된다. 그리고 도움을 받았다면, 나중에 아주 작은 형태로라도 다시 돌려주면 된다. 그게 관계다.

사업을 하다 보면 기버는 없고 테이커들만 득실거린다는 걸 알 수 있다. 그런데 남의 정보만 빼먹으려 하고 자신의 것을 내어주지 않는 사람들은 인간관계에서 언젠가는 사람들의 외면을 받게 될 것이나. 내 정보만큼 님의 정보도 중요함을 알고 도움을 받았으면 돌려줄 줄도 알아야 관계가 지속될 수 있다는 걸 명심하길 바란다. 이에 대해서는 뒤에 가서 더 자세히 말할 기회가 있을 것 같다.

나는 생일이 되면 주변 사람들로부터 수십 개의 선물을 받는다. 생일에 선물을 몇 개 받는지는 중요하지 않지만, 내가 위로 올라가고 있을 때 함께 이야기할 수 있는 사람들이 있는가 하는 점은 참 중요한 것 같다. 술자리에서 명함만 주고받는 관계가 아니라 같이 일하거나, 같이 고민하거나, 서로의 시간을 존중하는 관계가 진짜 인맥이라고 생각한다.

성장은 결국 사람을 통해 일어나지만 그렇다고 아무 사람이나 만나서는 안 된다. 계속 말하지만 항상 나보다 한 단계 위를 찾아가야 한다. 내가 아직 부족하고 별것 아니라는 걸 인정하는 순간, 비로소 다음 단계가 열린다.

# 명함 놀이 할 시간에
# 통장 잔고나 채워라

지인을 만나러 갔다가 처음 보는 사람을 소개받는 일도 종종 생기는데, 내가 "어떤 일하세요?"라고 물으면 이렇게 대답하는 사람들이 있다.

"저요? 그냥 이것저것 합니다. 요즘은 돈 좀 되는 쪽으로 일을 많이 하죠."

대답에서부터 벌써 쎄한 느낌이 든다.

"요즘은 진짜 기회가 많잖아요. 저도 작년부터 돌리기 시작했는데 생각보다 잘 나와요. 사업은 하나만 하면 안 돼요. 파이프라인이 중요하거든요. 월에 1,000만 원 정도는 그냥 벌고 있어요. 아시겠지만 사실 요즘은 돈 버는 게 그렇게 어렵지 않잖아요. 마인드만 바꾸면 돼요. 다들 겁을 너무 먹어서 그렇지."

내가 묻지도 않았는데 자기 입으로 구체적인 숫자를 말한다는 건 그 돈에 대해 얼마나 보여주고 싶어 하는 상태인지, 자신을 얼마나 뽐내고 싶어 하는지를 말해주는 신호다. 돈을 좀 벌기 시작하면 꼭 나타나는 부류들이다. 아무도 묻지 않았는데 "저 돈 좀 법니다", "월 1,000은 찍어요", "요즘 잘돼요"라며 본격적인 대화가 시작되기도 전에 돈 번 얘기부터 꺼낸다. 스스로는 자랑스러워서 말했겠지만 대개 상대가 자신보다 더 큰 판에 서 있다는 걸 알게 되는 순간 가장 낯부끄러워지는 말이 될 수 있다. 반대로 정말 돈 많고 잘나가는 사람들은 굳이 이런 말을 꺼내지 않는다. 오래 대화해보지 않아도 깊이가 느껴지고, 굳이 설명하지 않아도 '아, 이 사람은 더 큰 판에 있구나' 하는 것이 보인다.

이처럼 허세는 '굳이 보여주려고 하는 행동'이다. 일부러 말하고, 일부러 드러내고, 일부러 증명하려 드는 순간 상대가 보기에는 너무 급하고 철없어 보인다. 여자들이 허세 부리는 남자를 제일 싫어하는 이유도 그거다. 여유로운 사람은 설명하지 않고, 허세 부리는 사람은 설득하려 든다.

내가 이런 사람을 멀리하라고 조언하는 이유는 솔직히 말해서 어릴 때 내가 그랬기 때문이다. 24살 때 돈 좀 벌었다고 벤츠 오픈카를 타며 겨울에도 지붕을 열고 다녔다. 모르는 사람들은 "추워 죽겠는데 뚜껑은 왜 열고 다녀?"라고 말할지 모르지만 사실 뚜껑을 열고 히터를 세게 틀면 하나도 안 춥다. 그런데 남들 눈에는 당연히 그게 허세로 보일 수밖에 없다. 당시 여자친구의 언니가 "넌 왜 이렇게 허세를 부리냐?"라고 했을 때는 억울했지만, 시간이 지나고 보니 이해가 됐다. 내가 굳이 나 잘났다고 보여주고 있었던 거다. 그 이후로도 돈을 벌수록 자꾸 티를 내고 싶어지는 순간들이 찾아왔다. 그건 인간의 본능이다. 지금은 그 행동이 얼마나 부끄러운지를 알기 때문에 최대한 참으면서 살고 있다.

허세에도 엄연히 때와 장소에 따른 선이 있다. "나 이번에 책 썼어. 한 권만 사줘"라고 말하는 건 허세가 아니다. 그런데 "나 책 써서 1억 벌었어"라고 말하는 건 허세다. 자격증을 땄다거나, 공부를 했다거나, 무언가를 해냈다는 건 노력의 증명이지만, 거기에 금액이 붙는 순간 대다수의 경우 듣는 사람에게는 자랑으로 들린다. 특히 자리에 맞지 않는 말이라면 더 그렇다.

1,000만 원을 벌었다는 이야기도 같은 수준의 사람들 앞에서는 축하를 받을 수 있는 말이 되지만 전혀 다른 환경에서 꺼내면 허세가 된다. 위스키 바에서 "이거 30만 원이면 싼 거지"라고 말하는 건 자연스럽지만, 편의점에 가서 같은 말을

하면 이상한 사람이 된다. 문제는 말의 내용보다 그 말을 하는 자리다. 그래서 사람을 볼 때 기준이 필요하다.

첫 번째, 자기 얘기도 자기 얘기인데 남 얘기를 더 많이 하는 사람은 경계해야 한다. "저 누구랑 친해요", "그 사람 잘 아는데 소개해줄까요?" 이런 말이 많은 사람일수록 위험하다. 두 번째, 돈을 불려주겠다는 사람은 무조건 걸러라. 예를 들어, "1억을 맡기면 월 10% 준다"는 말을 들으면 즉시 은행 금리부터 떠올려야 한다. 은행에서 연 5%도 안 되는 이자를 주는 세상에서, 왜 그 사람은 굳이 당신 돈이 필요한 것인지 생각해봐야 한다.

사기는 대부분 작은 신뢰를 쌓는 것부터 시작한다. 처음에는 10%씩 꼬박꼬박 잘 들어온다. 약속했던 것을 이행하면서 자신을 정직한 사람으로 믿게끔 만드는 것이다. 그 돈을 받는 사람도 돈이 잘 들어오니 더 큰 욕심이 생긴다. 이 심리를 이용해 사기꾼은 더 큰 금액의 투자를 요구한다. 나 역시 코로나 시기 마스크 대란 때 비슷한 경험을 했다. 처음엔 몇백의 소액이었고, 실제로 돈이 들어왔다. 그래서 더 큰 돈을 맡겼고, 원금만 돌려받는 데 3년이 걸렸다.

아무튼 돈을 좀 벌었을 때 가장 위험한 건, 뽕에 취하는 거다. 자기 이야기를 멈추지 못하고, 보여주고 싶어 하고, 가르치려 들기 시작하는 순간, 그 사람은 위험하니 조용히 거리를 두는 게 낫다. 굳이 자랑을 하고 싶다면, 말을 해도 되는 장소와 입을 닫아야 하는 장소를 잘 구별해서 하라.

진짜 가진 사람들은 대부분 조용하다. 삼성전자 이재용 회장이, 현대자동차 정의선 회장이 자신이 돈이 많다고 떠벌리는 걸 본 적이 있는가. 그들은 묻기 전까지는 말하지 않고, 굳이 증명하려 들지도 않는다. 오히려 말이 많아질수록 개인과 회사의 가치가 떨어지고, 설명이 길어질수록 신뢰가 빠져나간다는 걸 잘 알고 있다. 돈을 벌수록 필요한 건 더 많은 말이 아니라 침묵이다. 뽕을 참을 수 있는 사람만이 오래 살아남는다.

# 거짓말은 당신의
# 가장 비싼 자산을 태워버린다

나는 성격이 예민한 편이다. 특히 사업과 돈 이야기가 나오면 더 예민해지는 편이다. 사람을 쉽게 의심하고 싶지는 않지만, 사람을 많이 만나다 보니 잘 안 믿는 쪽이 훨씬 덜 다친다는 걸 알게 됐다. 속이려고 작정한 건 아니더라도 거짓말하는 사람을 너무 많이 봤기 때문이다. 의도적이든, 과장이든, 착각이든 간에 숫자를 가지고 장난치는 사람이 생각보다 훨씬 많다.

"저 월 매출 200억 합니다."

나는 이런 말을 듣는 순간 머릿속에서 계산기가 돌아간다. 월 200억이면 연 매출 2,400억이다. 그 정도 규모이면 외부

감사 대상이고, 중소기업 현황만 봐도 흔적이 남을 수밖에 없다. 아무 데서나 숨길 수 있는 숫자가 아니다. 그래서 내가 혹시나 하고 한 번 더 물으면 돌아오는 대답이 기가 찬다.

"아, 정확히 말하면 매출은 아니고 거래액이에요."

부동산이든, 마케팅이든, 어떤 업종이든 거래액과 매출을 구분하지 않고 말하는 건 실수가 아니라 의도적으로 부풀리려는 것이다. 사실 나 역시 제대로 계산하면 거래액 기준으로는 연 1,000억 이상을 만든 시기도 있었다. 하지만 그걸 매출이라고 말한 적은 없다. 이런 식의 거짓말은 생각보다 흔하다. '월 1억 버는 사람들의 모임'이라고 해서 나가보면, 매출 1억인 경우도 허다하다. 솔직히 매출이 1억 원이라도 순수익은 100만 원, 200만 원 수준일 수도 있는 것 아닌가. 그런데 본인은 이미 '월 1억 버는 사람' 행세를 하고 있다. 대화를 몇 마디만 나눠보면 다 알 수 있고, 구조를 아는 사람끼리는 더 빠르게 알아차린다.

몇 년 전에 전 세계를 떠들썩하게 만들었던 '여자 잡스' 엘리자베스 홈즈의 사기 행각에 대해 기사로 접해본 적이 있을 것이다. 그녀는 스탠퍼드 대학에 다니던 19살 때 의료 시스템을 바꾸겠다는 목표로 '테라노스'라는 회사를 창업했다. 이 회사의 사업은 손가락 끝에서 소량의 피를 뽑아 수백 가지 혈액 검사를 빠르고 저렴하게 해내겠다는 구상에서 시작되었다. 의료 비용을 낮추고, 누구나 쉽게 검사받을 수 있는 세상을 만들겠다는 명분은 정말 누가 봐도 완벽했다. 스티브 잡스처럼 검은 터틀넥을 입고 사람들 앞에서 연설을 하는 젊고 똑똑한 여성 창업가, 실리콘밸리의 차세대 혁신가라는 이미지까지 더해져 사람들은 그녀를 '의심'하기보다 열렬히 '응원'했다.

홈즈는 자신의 기술이 이미 완성된 것처럼 말했지만, 실제로는 그렇지 않았다. 자사 장비로 정확한 검사가 가능하다는 주장은 내부 데이터로 검증되지 않았고, 문제가 생길 때마다 외부의 기존 장비를 사용하거나 결과를 수정하는 방식으로 버텼다. 질문이 들어오면 디테일한 설명 대신 '기밀'과 '보안'을 앞세워 대답을 회피했고, 검증을 요구하는 목소리는 혁신을 이해하지 못하는 방해물처럼 취급했다. 조금씩 과장하고, 애매하게 말하고, 불리한 질문을 피해 다니는 태도가 반복되었지만, 그 구조 위에서 투자금이 몰렸고, 기업 가치는 수십억 달러까지 치솟으며 회사가 점점 커졌다. 사람들은 기술을 본 것이 아니라 "이미 성공한 것처럼 보이는 그녀의 분위기"를 믿은 것이다.

하지만 시간이 흐를수록 검사 결과의 신뢰성에 문제가 있다는 사실이 드러나기 시작했고, 수많은 검사 결과가 무효 처리되었다. 환자와 투자자 모두가 피해자가 되었다. 그제야 사람들은 "이게 정말 되는 기술이었나? 그동안 우리가 믿은 건 무엇이었나?"라고 묻기 시작했다. 결국 테라노스는 붕괴했고, 홈즈는 투자자들을 속인 혐의로 기소되었다. 법원은 이 사건을 '스타트업의 실패'가 아니라 '의도적인 사기'로 판단했다. 그녀는 실형을 선고받아 현재 복역 중이며, 수억 달러에 달하는 배상 책임까지 지게 되었다.

왜 이런 거짓말을 하면서 돌이킬 수 없는 악수를 둔 것일까. 조금 벌기 시작하면서 뽕에 취했기 때문이다. 엘리자베스 홈즈라는 인물도 자신의 말에 사람들이 열광하고 엄청난 투자금을 받으면서 스스로 뽕에 차올라 점점 더 큰 거짓말을 하게 되는 것이다.

한번은 자기 매출이 150억이라고 말하는 사람을 만난 적이 있다. 처음에는 그럴 수도 있지 싶었지만, 중소기업 현황을 보니 어딘가 이상했다. 그래도 '설마 나한테 거짓말을 하겠어'라는 생각으로 넘어갔다. 나중에 알고 보니 매출도 거짓말이었고, 구조도 없었고, 그 관계에서 얻은 건 시간 낭비뿐이었다. 작은 약속을 자꾸 미루는 태도를 보인다거나, 사소한 질문에도 대답을 얼버무리는 말버릇을 가졌거나, 자기 일은 설명하지 않고 남 얘기만 늘어놓는 습관을 보이는 사람이 있다면 멀리하는 게 좋을 것이다. 처음에는 숫자로 사람들에게 호감을 얻고, 말로 관계를 만들 수 있을지는 모르지만, 인맥이 늘어날수록 거짓말은 더 빨리, 더 넓게 퍼지기 때문에 언젠가는 들통날 수밖에 없다. 무너지는 건 한순간이다.

그래서 나는 인맥을 만들고 싶다면, 가장 첫 번째로 거짓말을 절대 하지 말라고 조언하고 싶다. 돈이 있어도 없는 척하라는 게 아니라 조금 있는 걸 크게 부풀리지 말라는 말이다. 매출이면 매출, 거래액이면 거래액을 명확히 밝히고 모르면 모른다고 말하면 된다. 매출이라고 했다가 거래액으로 바뀌고, 구조가 있다고 했다가 설명을 피하고, "잘 되고 있다"는 말만 남고 근거가 사라질 때 사람들은 조용히 등을 돌린다. 인맥은 그렇게 소리 없이, 변명할 기회도 없이 무너진다.

그래서 당신이 사업가로서 오래 가고 싶다면, 누군가에게 잘 보이려 하지 말고 정확하게 진실만 말하라. 거짓말을 하지 않는 것만으로도, 인간관계에서 이미 상위 10% 안에 들 것이다.

# 기생하는 관계 vs 공생하는 관계

　나는 수많은 사람을 만나면서 인맥이 어떤 순간에 힘이 되고 어떤 순간에 독이 되는지 충분히 봐왔다. 주변 인맥이 아무리 좋아도, 나에게 본질이 없으면 결국 남는 건 아무것도 없다. 인맥은 필요하지만 그렇다고 인맥이 모든 걸 해결해주지 않는다는 것도 잘 알아야 한다.

　지인의 소개로 알게 된 한 대표님이 있다. 주변에서도 "괜찮은 사람이다", "사람은 나쁘지 않다"는 말을 계속 들었던 터라 크게 의심하지 않았고, 실제로 그 대표님을 자주 뵙게 되면서 점점 그분의 말과 행동을 조금 더 가까이에서 관찰하게 되었다.

그 대표님은 늘 자신의 인맥 이야기를 했다. 유명 유튜버, 연예인, 스포츠 선수, 이름만 대면 알 만한 사람들의 이름이 입에서 끊임없이 나왔고, 본인이 마치 어마어마한 사업을 굴리고 있는 것처럼 행동하며 "다음에 준비 중인 프로젝트, 곧 터질 사업, 더 큰 그림" 같은 말들을 반복했다. 흥미로운 건, 말은 점점 커지는데 정작 숫자를 이야기할 때는 주눅 들어 했다.

그러던 어느 날, 그 대표님이 내 근처 건물로 이사를 왔다. 원래 아는 사이인 데다 같은 동네에 있으니 더 자주 마주치게 되었고, 그제야 그 대표의 사업을 '남의 입을 통해 듣는 입장'이 아니라 '실제로 지켜보는 입장'이 되었다. 그때 "아, 이 사람은 사업을 전혀 할 줄 모르는구나"라는 확신이 들었다.

사무실은 늘 예쁘게 꾸며져 있었다. 인테리어에는 아낌없이 돈을 투자했고, 겉으로 보기에는 꽤 그럴듯해 보였다. 하지만 마케팅 구조나 비용 구조, 회수 구조 같은 기본적인 질문을 던지면 늘 말을 흐렸다. 프랜차이즈를 한다고 했지만 늘어나는 매장은 없었고, 오히려 하나둘씩 줄어들고 있었다. 오픈업(실제 카드·POS 데이터를 기반으로 자영업자 매출을 추정해서 보여주는 상권·업종 분석 서비스)에 찍힌 월 매출은 300만 원대였다. 직원 쓰고 월세 내고 나면 남는 게 없는 구조였는데, 정작 본인은 그 사실을 직시하려 하지 않았다.

“이거 하면 한 달에 1,000은 그냥 벌어요.”

“제가 아는 대표님들이 많아서요.”

“좋은 오빠들한테 많이 배웠어요.”

주변으로부터 많이 배웠다고 하지만 그 배움이 행동으로 이어진 흔적은 전혀 보이지 않았다. 이런 사람들의 공통점은 스스로 부딪혀본 시간이 없고, 늘 누군가에게 기대려고 한다는 점이다. 전문가에게 조언을 구하는 것 자체가 나쁜 건 아니지만 한 회사를 운영하는 대표라면 최소한 무엇을 물어봐야 하는지, 어떤 선택이 위험한지 정도는 판단할 수 있어야 한다. 이분은 그 기준 자체가 없었다. 잘하는 사람을 만나면 “이거 어떻게 해요?”라고 묻고, 또 다른 사람을 만나면 또 같은 질문을 반복했다. 힌트는 많이 모았지만, 그 힌트들을 연결해 자기만의 정답을 만들 줄은 몰랐다.

청소업체를 운영하던 사장도 비슷한 부류였는데, 이 사람 역시 인맥이 엄청났다. 200만, 300만 팔로워를 가진 유튜버나 인플루언서 이름을 줄줄 읊었고, 주변에 사람이 정말 많아 보였다. 그런데 이상하게도 자신의 유튜브는 키우지 못했다. 내게도 조언을 구하기에 다양한 것들을 알려줬지만, 알려줘도 스스로 분석하려 하지 않았다. 질문은 많았지만, 고민은 없었다. 한 번 반짝 떴을 때도 왜 떴는지를 이해하지 못했으니, 다음이 있을 리 없었다.

특히 보험 업계에서 비슷한 장면을 수없이 볼 수 있는데, 큰돈을 번다는 말에 혹해서 보험 영업을 시작해 초반에는 지인들 보험을 싹 바꾸면서 첫 달에 600~700만 원을 번다, 새벽 출근, 밤샘 근무하는 사진들을 SNS에 공유하면서 마치 큰 사업이라도 벌인 것처럼 포장한다. 하지만 얼마 지나지 않아 SNS에서 대부분 사라진다. 지인털이가 끝나자 본질적인 영업이나 상품에 대한 이해도 없이 시작한 장사를 오래 끌고 살 수 없기 때문이다.

한번은 건물 하는 형이 술자리에 한 사람을 소개시켜 주었는데 나에게 대뜸 "전 카페 프랜차이즈하고 있는데 한 달에 1억은 벌어요"라고 말했다. 처음 만나는 자리에서 할 얘기도 아닐뿐더러 내 머릿속에서는 구조상 말이 되지 않는다는 계산이 돌아갔다. 조금만 들어보면 알 수 있는 이야기였고, 실제로 하나하나 짚어보니 전부 허술했다. 서로 대표라고 부르며 속으로는 상대의 쓸모를 재고 있는 분위기여서 핑계를 대고 술자리에서 빠져나왔다. 아까운 시간에 그런 대화를 듣고 있는 것 자체가 피곤했기 때문이다.

이런 사람들이 꼭 나중에 "인맥이 있어도 안 되더라", "누가 알려줘도 소용없더라" 하는 말을 한다. 힌트만 모아놓고 정작 정답을 찾으려고 노력하지 않는 자신의 모습은 돌아볼 줄도 모르면서 말이다. 인맥은 힌트를 줄 뿐, 인생의 문제를 대신 풀어주지 않는다. 아무리 500억 사업가가 옆에서 알려 준들 뭐하겠는가. 자신이 스스로 생각하지 않으면 인생은 절대 바뀌지 않는다.

그래서 인맥이 아무리 좋아도 본질이 없으면 결국 망한다고 말하는 것이다. 공부하지 않고, 분석하지 않고, 스스로 부딪히지 않으면서 사람 이름만 모으는 건 인맥이 아니다. 그건 그냥 아는 사람 수집이고, 사장 놀이이며, 언젠가는 반드시 안 좋게 끝난다.

인맥은 중요하지만 그건 원인이 아니라 결과다. 본질이 있는 사람이 오래 살아남고, 그 사람 곁에 사람이 남는다. 이 순서를 거꾸로 착각하는 순간, 사업도 사람도 함께 무너진다.

# 감정은 소모품이다,
# 돈 앞에서 낭비하지 마라

내가 죽으면 "진우 형, 그동안 고생했어요", "진우야, 애썼다"라고 말해줄 사람도 분명 있겠지만, 반대로 속으로 "잘됐다"고 생각할 사람도 적지 않을 것이다. 특히 내가 하는 일과 이해관계가 얽힌 업계 사람들, 이를테면 부동산 쪽에 있는 사람들 중에는 내가 잘되는 걸 못마땅해하는 사람들도 많다. 그건 이상한 일도 아니고 대한민국 사람들 전부가 나를 좋아할 거라는 생각은 한 번도 한 적이 없다.

사람을 만나는 관계든, 대중 앞에 서는 일이든, 어느 순간부터는 '옳고 그름'보다 '태도'가 더 크게 작용한다. 특히 내가 뭔가를 잃거나, 공격받거나, 억울한 상황에 놓였을 때 감정적으로 반응하는 순간 순식간에 판이 불리해진다. 세상은 생각보다 친절하지 않고, 사람들은 누군가의 속사정이나 맥락보다 지금 그 사람이 어떤 태도를 보이느냐를 훨씬 빠르게 판단한다. 그래서 감정이 올라올수록 오히려 한 발 물러나야 한다. 말하고 싶을수록 덜 말하고, 해명하고 싶을수록 더 조용히 있는 게 결국엔 나를 지키는 선택이 된다.

예를 들어, 직장인 K씨가 중요한 프로젝트에 초기부터 참여했고, 밤늦게까지 남아 자료를 만들거나 방향을 잡는 데도 적지 않은 역할을 했다. 중간중간 잡음은 있었지만, 본인 나름대로는 최선을 다했다고 믿었다. 그런데 프로젝트 중간에 갑작스럽게 제외되었다. 명확한 설명은 없었고 "구조를 조금 바꾸게 됐다"는 말만 들을 수 있었다. 감정이 상하지 않을 수 없었다. K씨는 억울하고 분한 마음에 회사 홈페이지 익명 게시판에 이 프로젝트를 험담하는 이야기를 써서 올렸다. 아무리 익명이지만 회사 내에서는 이 글을 K씨가 쓴 거 아니냐는 소문이 퍼졌고, 결국 곤란해진 K씨는 회사에 사직서를 낼 수밖에 없었다.

사실 이런 예는 흔하다. 억울함이 커질수록 사람은 '설명하고 싶다'기보다 알리고 싶어진다. 나만 손해 본 것 같고, 침묵하면 모든 게 묻힐 것 같아서다. 하지만 감정이 앞서서 한 선택은 대부분 오래 남는 후회를 남긴다. 조직은 개인의 감정보다 성과와 결과를 우선한다. 팀에서 누군가 배제되는 데에는 실력, 성과, 성향, 관계 등 복합적인 이유가 얽혀 있다. 그 판단이 옳은지는 별개의 문제다. 그 판단에 대해 감정적으로 맞서는 방식은, 대체로 개인에게 불리하게 작용한다. 억울함을 크게 분출할수록 '함께 가기 어려운 사람'이라는 이미지만 더 각인되는 역효과가 난다.

그렇다고 모든 일에 입꾹닫을 하라는 것은 아니다. 때에 따라서는 침묵하는 것이 감정적 불길을 키우는 역할을 하기도 한다.

예시로 연예인 A씨가 음주운전을 했다고 해보자. 그럼 A씨가 해야 할 일은 간단명료하다. 잘못한 행위에 대해 진심으로 사과하면 된다. 음주운전을 한 것에 대해 반성하고 사과해야지, 세상 모든 사람에게 자신의 감정을 설명하고, 핑계를 대고, 이해를 구할 필요는 없다. 잘못은 인정하되, 쓸데없이 감정 소모전을 일으킬 수 있는 말은 삼가야 한다. 그 선을 지키는 게 중요하다.

같이 사업하는 형이나 선배가 와서 "진우야, 이건 네가 좀 잘못한 것 같다"라고 말하면 나는 무조건 수긍한다.

"아, 맞습니다 형님. 어떤 부분이 잘못됐을까요?"

여기서 "아니, 제가 뭘 잘못했는데요?"라는 말이 나오는 순간, 그 관계는 끝났다고 봐야 한다. 무조건 기어서 들어가라는 말이 아니라 쓸데없는 자존심을 앞세우지 말라는 거다. 사람은 돈이 없을 때, 잃을 게 없을 때 남는 게 자존심뿐이다. 그래서 그 자존심을 지키려고 발버둥 친다. 남의 말 한마디, 시선 하나에도 과하게 반응한다. 하지만 잃을 게 생기기 시작하면 이야기가 달라진다. 돈이 생기고, 책임져야 할 숫자가 생기고, 내가 무너졌을 때 같이 무너질 수밖에 없는 사람들이 생기면 자존심은 아무 의미가 없어지기 시작한다. 그때부터는 '이기고 지는 문제'가 아니라 '사업을 오래 유지하느냐 마느냐의 문제'가 된다. 그래서 진짜 센 사람들은 굳이 센 척을 하지 않는다.

예전에 한 쇼츠 영상에서 봤는데, 톰 크루즈에게 어떤 기자가 무례하게 질문을 던진 적이 있다. 말투도, 태도도 말 그대로 싸가지가 없었다. 보통 사람이었으면 얼굴이 굳어지면서 바로 반응했을 텐데 톰 크루즈는 그냥 웃으며 아무 일도 아니라는 듯 넘겼다. 그 장면을 보면서 "저게 진짜 여유구나"라는 걸 느꼈다.

요즘 예능에서 큰 활약을 하고 있는 김동현 이종격투기 선수도 마찬가지다. 방송에서는 일부러 바보 같은 캐릭터로 나오고, 다른 사람의 웃음거리가 되는 걸 마다하지 않지만 누구나 알고 있다. 실제로는 대한민국에서 손꼽힐 만큼 센 사람이라는 걸. 진짜 강한 사람은 굳이 "나 센 사람이야"라고 말하지 않는다.

사람 관계에서도 괜히 기 싸움할 필요 없고, 굳이 반박할 필요도 없다. 속으로는 긁힐 수도 있고, 순간적으로 열받을 수도 있다. 나도 그럴 때 많다. 하지만 그걸 입 밖으로 꺼내는 순간, 나는 그 업계에서 매장당할 수도 있다. 그냥 "그렇군요" 하고 넘어가면 된다. 바보처럼 웃고, 한 발 물러난다고 해서 지는 게 아니다. 내 본질과 실력만 단단하면, 그건 전략적인 센덱이다.

결국 오래 살아남는 사람들은 공통점이 있다. 불필요한 감정에 에너지를 쓰지 않고, 긁혀도 반응하지 않는다. 인간관계에서 가장 먼저 버려야 할 건, 이기고 싶다는 마음이다. 그걸 내려놓는 순간, 사람과의 관계에서 더 자유롭고 평온한 마음을 느낄 수 있을 것이다.

# 인생은 레벨업이 아니라 '부의 맵'을 뚫는 것이다

게임을 해본 사람이라면 알 것이다. 처음 게임을 시작하면 지도 대부분이 까맣다. 갈 수 있는 길도 제한돼 있고, 만나는 몬스터들도 약하다. 내가 보고 있는 세계가 전부인 것처럼 느껴지지만, 퀘스트 하나를 깨는 순간 갑자기 새로운 맵이 열린다. 전에는 존재하는지조차 몰랐던 마을이 나타나고, 전혀 다른 레벨의 몬스터가 튀어나온다. 새로운 맵이 열릴 때마다 장비도, 전략도, 사고방식도 바꿔야 한다. 이걸 보통 게임에서 맵이 뚫렸다고 한다.

레벨이 올라가서가 아니라, 조건을 충족했기 때문에 다음 세계가 열리는 것이다. 중요한 건, 한 번 맵이 열리면 시야가 달라지기 때문에 다시 예전처럼 플레이할 수 없다는 점이다. 예전엔 강하다고 느꼈던 몬스터가 더 이상 위협적이지 않고, 이전에는 상상도 못 했던 선택지가 눈에 들어온다. 나는 현실도 정확히 이 구조라고 생각한다. 사람마다 보고 있는 맵이 다르고, 살아가는 세계의 난이도도 다르다.

나는 은평구 골목길에서 자랐다. 골목길에서 자란 사람은 세상을 골목길로 본다. 주변에 보이는 집도, 다니는 길도, 만나는 사람도 대부분 비슷하다. 그래서 자연스럽게 생각의 범위도 그 안에서 형성된다. 반면 태어나자마자 부유한 동네에서 자란 사람은 골목길이라는 걸 모른다. 애초에 그런 세계를 살아본 적이 없기 때문이다. 누가 더 낮고 부족하다는 걸 말하고 싶은 게 아니라, 처음부터 보고 자란 풍경이 다르기에 다른 세상을 살아갈 수밖에 없다는 이야기다. 이 차이는 생각보다 크다. 사람은 자기가 본 세계만큼만 상상하고, 살아본 범위 안에서만 선택한다. 그래서 아무리 의지가 강해도, 아무리 열심히 해도, 시야 밖의 인생은 애초에 목표로 설정되지 않는다. 내가 말하는 '맵'이란 바로 이 시야의 범위다.

많은 사람들이 아직 맵이 열리지도 않았는데, 이미 모든 걸 안다고 착각한다. 자기 시야 안에서만 판단하고, 자기 맵 안에서만 전략을 짠다. 그러다 벽을 만나면 "운이 없어서", "시장이 안 좋아서", "나랑은 안 맞아서"라고 말한다. 사실은 아직 다음 맵을 여는 퀘스트를 깨지 않았을 뿐인데 말이다. 그래서 나는 일부러 현실에서도 맵을 뚫으려고 한다. 내가 모르는 세계에 일부러 들어가 보고, 불편해지고, 쫄고, 위축되는 경험을 한다.

현실의 맵뚫기는 약간의 용기를 요구한다. 하지만 한 번이라도 맵이 열리면, 인생은 이전과 전혀 다른 게임 속 세계가 된다. 혼자 청담동 부동산에 들어가서 "한 40억 정도 있는데, 건물 하나 지을 만한 매물 있나요?"와 같은 말을 던져본다. 롤스로이스 매장, 페라리 매장도 일부러 가본다. 에르메스 매장에 들어가서 슬리퍼 하나를 사면서 왜 사진을 못 찍게 하는지, 왜 응대가 이런 방식인지 몸으로 느껴본다. 이건 사치가 아닌 내 뇌를 강제로 다른 세계에 노출시키는 훈련이다.

그런데 여기서 착각하지 말아야 할 게 있다. 맵을 뚫는다는 핑계로 무조건 외국에 나가야 한다고 생각하는 것이다. 특히 젊은 친구들이 워킹 홀리데이를 가면 인생이 바뀔 것 같고, 시야가 넓어질 것 같다고 믿지만 아무 기반도 없는 상태에서 외국에 나가 컵라면 먹고 여행 다니는 건 엄밀히 말해 맵뚫기가 아니다. 그건 그냥 나라만 바뀐 일상일 뿐이다. 진짜 경험은 여행이 아니라 부딪힘이다. 사람에게 치이고, 돈 앞에서 무너지고, "내가 왜 이러고 살지"라는 생각에 주저

앉았다가 다시 버티는 과정이다. 전혀 준비가 안 된 상태에서 새로운 세계를 보는 것은 그냥 관광객에 지나지 않는다. 관점이 없으면, 아무것도 남지 않는다.

나의 경우에는 무엇을 보든 분석하려는 시야가 생겼다는 점이 하나의 맵이 열린 상태라고 말할 수 있을 것 같다. 이 상태에서 청담을 가면 그저 "와, 좋다!"가 아니라 "아, 그래서 이렇게 설계했구나"가 보이게 된다. 그래서 맵뚫기에는 반드시 순서가 있다. 반지하에서 바로 시그니엘을 보는 게 아니라, 오피스텔을 거쳐 빌라를 보고, 아파트를 보고, 대장 아파트를 본 다음에 고급 주택을 보러 가는 식이다. 그리고 그 세계는 아무에게나 친절하지 않다. 명함도, 실적도, 신뢰도 없는 사람에게는 문조차 열어주지 않는다.

사람들은 대개 사업이 운이라고 말한다. 나는 그 말의 절반만 맞다고 생각한다. 운은 분명 존재하지만 그 운도 맵을 뚫은 사람에게만 보인다. 아무 준비 없이 기다리는 건 요행이고, 시야를 넓혀놓은 상태에서 만나는 우연은 기회다. 운만 믿고 올라간 사람은 운이 꺼지는 순간 바로 나락으로 떨어지지만, 구조와 관점이 서 있는 사람은 한 번 떨어져도 다시 올라갈 수 있다.

솔직히 말하면, 나도 맵뚫기를 할 때 여전히 쫄린다. 페라리 매장에 들어갈 때도, 고급 주택에 임장을 갈 때도 속으로는 "나 여기 있을 사람이 아닌데…" 하는 생각이 계속 든다.
그래도 들어간다. 그 불편함을 통과하지 않으면, 그 세계는
영원히 내 것이 되지 않기 때문이다.

　현실의 맵은 용기를 낸 사람에게만 열린다. 그리고 한 번
열린 맵은 다시 닫히지 않는다.

# 4장

# 복제

## 창조하지 말고
## 1등의 돈락을 훔쳐라

# 맨땅에 헤딩하지 마라,
# 1등의 정답지를 베껴라

사람들은 '무언가를 시작하기 위해서는 혹은 지금보다 한 단계 발전하기 위해서는 세상 누구도 시도하지 않은 뭔가 창의적인 아이디어가 있어야 한다'고 생각한다. 그래서 다들 시작하겠다고 말하면서도 선뜻 움직이지 못한다. 머릿속에는 "차별점이 분명한 특별한 걸 해야 한다"는 생각이 가득한데, 정작 손에 잡히는 건 아무것도 없다. 아이디어가 없어서 멈춰 있고, 준비가 안 됐다고 미루고, 더 생각해보겠다며 시간을 허비한다.

아무것도 없는 상태에서 뭔가를 만들어 내려니 당연히 막막할 수밖에 없다. 레퍼런스도 없고, 비교 대상도 없고, 기준도 없으니 머릿속은 점점 더 복잡해진다. 그러다 결국 "에이, 내가 뭘 할 수 있겠어. 나는 역시 안 되는 사람이야"라는 결론에 도달한다.

사실 현실은 정반대다. 잘되는 사람들 대부분은 0에서 시작하지 않는다. 이미 돌아가고 있는 구조, 이미 검증된 방식, 이미 돈이 되는 흐름에서부터 출발한다. 처음부터 새로 만들 생각을 하지 않고, 이미 있는 것 위에 올라탄다. 그래서 빠르고, 덜 실패하는 것이다.

0에서 1을 만드는 건 아이디어가 해결해주는 게 아니라 출발 방식이 해결해준다. 아무것도 없는 상태에서 새로운 걸 만들어야 한다고 생각하는 순간, 시작은 멀어진다. 반대로 "이미 있는 것 중에서 뭘 가져올 수 있을까?"라고 질문을 바꾸면 시작하는 것이 만만해진다. 이 차이가 결국 실행하는 사람과 계속 생각만 하는 사람을 가른다. 처음부터 혁신적이고 창의적일 필요는 없다. "나만의 것", "차별화", "독창성" 같은 단어에 너무 집착하다가 정작 아무것도 만들어내지 못한 채 주저앉는 것보다 다른 사람이 이미 이뤄 놓은 것을 따라가보는 시작이 중요하다. 잘되는 구조를 가져와 자기 일에 맞게 적용하는 것, 다시 말해 모방이다.

스티브 잡스가 처음 아이폰을 공개했을 때 그 장면을 지켜본 전 세계 사람들은 환호했고, IT업계는 그야말로 충격에 가까운 반응을 보였다. 버튼이 사라진 휴대폰, 손가락으로 화면을 밀어 잠금을 해제하는 방식, 전화기라기보다는 하나의 완성된 컴퓨터에 가까운 물건이었기 때문이다. 그전까지 휴대폰은 키패드와 통화 품질 경쟁이 전부였고, 스마트폰이라는 개념이 막 태동하던 시기였다. 스티브 잡스가 만든 아이폰은 그 판 자체를 바꿔버리는 가장 창의적이고 혁신적인 기기였다.

그러나 삼성은 "우리는 저런 거 못 만든다", "베끼는 것은 잘못된 것이다", "저건 애플이니까 가능한 거다"라고 말하는 대신 "따라 하자. 아이폰보다 더 많이 팔 수 있는 스마트폰을 만들자"라는 아주 현실적인 판단을 했다.

초기의 갤럭시를 떠올려보면 디자인, 인터페이스, 사용 방식까지 아이폰과 닮은 점이 많았다. 실제로 '베낀다'는 비판도 크게 쏟아졌고, 2011년 애플과의 특허 소송은 전 세계를 떠들썩하게 만들었다. 하지만 삼성은 그 비난과 소송 중에도 스마트폰 라인업을 계속 확장했고, 디자인과 UX를 빠르게 변화시켰으며 하드웨어 경쟁력(디스플레이, 카메라, 반도체)을 압도적으로 키워나갔다.

삼성은 단순히 애플을 그대로 모방한 것이 아니었다. 아이폰을 분해해 뜯어보고, 사용자 반응을 분석하고, 무엇이 왜 잘되는지를 집요하게 파고들었다. 그러고 나서 애플과는 정반대의 길을 만들어 나갔다. 애플이 한두 모델에 집중할 때, 삼성은 수십 개의 라인업을 쏟아냈다. 애플이 폐쇄적인 생태계를 유지할 때, 삼성은 안드로이드를 기반으로 빠르게 확장했다. 하드웨어 경쟁에서는 더 빠른 속도로 스펙을 끌어올렸고, 디스플레이, 반도체, 배터리 같은 핵심 부품을 스스로 만들어내는 구조까지 갖춰나갔다.

삼성은 처음부터 세계 최고의 휴대폰을 만들려고 하지 않았다. 이미 시장이 검증한 제품을 기준 삼아 실패 확률을 최소화하고, 실행 속도를 극단적으로 끌어올렸다. 그 과정에서 축적된 건 디자인 하나가 아니라 생산, 유통, 마케팅, 기술 전반의 시스템이었다. 이 시스템이 쌓이고 나서야 삼성은 '자기 색깔'을 입히기 시작했고, 지금은 명실상부한 세계 최고 수준의 스마트폰 제조사가 됐다.

삼성은 처음부터 "우리는 애플과 다르다"고 주장하지 않았다. 법적 충돌은 애플을 따라잡기 위해 반드시 거쳐야 했던 통과 의례쯤으로 여겼으며 멈추지 않고 자기만의 구조를 만들었다. 모방에 따른 리스크를 감내하고 앞으로 나아가는 것에만 집중한 것이다. 많은 사람들이 모방을 남의 것을 빼앗는 행위, 부정한 행위라고 생각하지만, 내가 말하는 모방은 누군가 잘 만들어 놓은 시스템을 우리 회사에 가져와 적용하고, 그 구조를 더 단단하게 만드는 일이다.

나는 우리 회사가 휴대폰을 더 잘 팔기 위해 무엇을 해야 할지 생각할 때, 다른 매장들은 어떤 마케팅을 펼치고, 고객에게 어떤 서비스를 제공하는지 면밀히 분석해 그대로 따라 했다. 우리나라에서 휴대폰을 가장 잘 판다는 A매장, B매장, C매장, D매장을 나란히 놓고 우리 회사와 비교한 것이다.

"우리는 이렇게 하는데, 저기는 저렇게 하네."

"우리는 이 지점에서 손이 많이 가는데, 저기는 단순하게 처리하네."

표로 정리해 가면서 하나부터 열까지 전부 분석한다. 가끔 "이 정도까지 해야 하냐"고 묻는 사람들이 있는데, 이렇게까지 하지 않고 망한 다음에 찡찡대는 것보다는 백배 낫다고 본다.

유튜브 콘텐츠도 마찬가지다. 나는 〈양태영 변호사〉의 콘텐츠를 보고 그대로 폼을 가져온 적이 있다. 그는 영상에서 중고 거래 사기를 다뤘고, 나는 전세 사기로 주제를 바꾼 것뿐이었다. 화면 전환, 흐름, 구성은 거의 같고 키워드만 달랐다. 이 영상은 조회수 200만을 넘겼다. 또 〈중고차파괴자〉 채널을 보고 똑같이 따라 했다. 이상한 중고차를 보여주며 시청자가 웃을 수 있는 포인트를 만들어냈고 결과도 좋았던 영상이다. 나도 그 포맷을 가져와 이상한 집을 보여주며 시청자가 '피식'할 수 있는 포인트를 만들었고 결과도 매우 좋았다.

| 구분 | | 자사 | 타사 | | | |
|---|---|---|---|---|---|---|
| | | | A매장 | B매장 | C매장 | D매장 |
| 당근 | 소식 | 매일 30건 | 2~3일 간격 | X | 매일 | 대표 채널 없음 |
| | 후기 | 18건 | 1,117건 | 36건 | 506건 | |
| | 단골 | 118명 | 3,937명 | 8명 | 7,701명 | |
| | 단골 혜택 | 필름, 충전기 무료, 액정 무료 수리 / 교체 | 15% 할인 쿠폰 | X | 15% 할인 쿠폰 | |
| 인스타그램 | 채널 | 1일 카드뉴스 1건+릴스 | 1일 3피드 릴스+카드뉴스 혼합 | 이틀 간격, 릴스 | 매일 릴스 1건 | 피드 간격 넓음, 카드뉴스만 |
| | 팔로워 | 516 | 14만 | 3,098 | 12.7만 | 160 |
| | 조회수 | 5천~ | 3만~ | 1만~ | 특정 피드만 조회수 높음 | 1천 미만 |
| 유튜브 | 영상 | 쇼츠 6건 | 롱폼 15건, 쇼츠 290건 | 채널 없음 | 롱폼 23건, 쇼츠 202건 | 쇼츠 164건 |
| | 구독자수 | 1.96천 명 | 8.59천 명 | - | 1.42만 명 | 7.05천 명 |
| 스레드 | | 매일 업로드 | 매일 업로드 | 채널 없음 | 피드 간격 넓음 | 피드 간격 넓음 |
| 메타 광고 | | 9건 | 14건 | 2건 | 9건 | 2건 |

요즘은 또 다른 방식을 실험 중이다. 내 나이 벌써 서른 중반이다. 그래서 '노총각'이라는 콘셉트를 가져와 화려한 성공담 대신 혼자 소주 마시며 엄마의 전화를 받는 이야기, 결혼 안 한다고 잔소리 듣는 이야기, 궁상맞게 라면이나 끓여서 한 끼 해결하는 모습 등을 담으려고 한다. 구독자들은 그

런 데서 공감한다. "연예인이랑 술 마셨다, 비싼 술을 봤다" 이런 건 흥미가 떨어진다. "아, 저 사람도 별거 없네"라는 감정이 생길 때 콘텐츠는 관심을 받는다. 괜히 밝은 척, 잘난 척하면 바로 거부감이 생긴다.

부동산도 똑같다. 청담 고급 빌라 한 채 팔아서 억 단위로 남기는 방식도 있지만 그게 안 되면, 남들이 이미 잘하고 있는 방식을 일단 따라 해보라는 거다. 차별화는 나중 문제다. 먼저 똑같이 해보고, 오래 해보고, 그다음에 방향을 바꿔라. 단기간에 흉내만 내고 포기하면 아무 의미 없다.

내가 운영하는 '집공략'이라는 유튜브 채널을 따라 한 채널은 100개가 넘는다. 그러나 제대로 된 성과를 낸 사람은 거의 없다. 예외로 단 한 명, 〈부동산 맛집〉이 있는데 그는 나를 따라 하되, 지역을 바꿨다. 나는 서울, 그는 지방이 타깃이다. 같은 걸 하되, 겹치지 않게 가져온 것이다. 중요한 건 모방하되 그대로 따라 하지 않는 것이다. 예를 들어, 내가 부동산을 한다고 해서 부동산 업계 사람들만 보는 게 아니다. 중고차, 휴대폰, 컴퓨터, 전혀 다른 업종을 보면서 "이걸 부동산에 어떻게 가져올 수 있을까?"를 생각한다. 그게 진짜 모방이다. 그대로 베끼는 건 결국 문제를 만든다. 실제로 그런 경우를 수도 없이 봤다. 아무런 변형 없이 원조를 그대로 따라 하면 시청자들이 당신 채널을 봐야 할 이유가 없다. 원본이 있

는데 굳이 복제본을 볼 이유가 뭐란 말인가. 반드시 다른 분야에서 잘된 구조를 가져와야 한다. 변호사의 포맷을 부동산으로, 중고차의 포맷을 휴대폰으로 옮기는 식이다. 그렇게 해야 대체 불가능한 위치가 만들어진다.

처음부터 새로 만들려 하지 말고, 이미 검증된 구조를 가져와 자기 것으로 만드는 것이 중요하다. 모방하고, 실행하고, 단순 심플하게! 이 세 가지만 지켜도 대부분의 사람들은 지금보다 훨씬 빠르게 성장하고 많은 돈을 벌며 살 수 있을 것이다.

# 성공한 사람들의
# 심플한 노동 알고리즘

이케아 매장은 기본적으로 입구와 출구가 단 하나씩이다. 쇼룸의 동선은 거의 일방통행이고 쇼룸을 다 돌아야 계산대와 출구가 나온다. 이 구조는 고객을 중간에 빠져나가기 어렵게 설계한 것이다. 물론 비상구나 직원용 통로는 있지만 고객의 동선에서는 제외된다. 따라서 고객은 의도치 않게 전 매장을 둘러보게 되고 이는 고객의 행동과 선택을 단순하게 만든다.

나도 이케아에 갔을 때 매장 크기도 크고, 동선도 길어서 솔직히 중간쯤 지겨워진 경험이 있다. "아, 그냥 나가고 싶다"라는 생각이 들었는데 출구가 하나밖에 없어서 억지로 끝까지 가야 했다. 중간에 빠져나갈 길이 없었다. 그렇게 계산대에 다다르자 내 손에는 살 계획에 없던 물건이 하나 들려 있었다.

"아, 이 자식 진짜 똑똑하네."

이게 단순함의 힘이다. 선택지를 줄이고, 생각할 여지를 없애고, 그냥 흐름에 몸을 맡기게 만드는 것! 이케아에 들어오는 건 자유지만, 나가는 건 설계된 대로 따라가야만 가능하다. 그 시스템 안에서는 누구도 고민하지 않는다. 그냥 보고, 그냥 걷고, 그냥 산다. 쿠팡도 비슷하다. 바나나 하나를 클릭했을 뿐인데 "이 상품은 어떠세요?" 하면서 소형, 대용량, 묶음 등 바나나만 줄줄이 깔아 보여준다. 여기서 중요한 건 생각을 확장시키지 않는다는 것이다. "바나나를 샀으니 우유도 살까?"와 같은 고차원적 판단을 요구하지 않는다. 그냥 바나나 안에서만 고르게 만든다. 생각을 안 해도 되게 만드는 구조, 그게 단순함이다.

당신도 잘 알겠지만 진짜 잘되는 음식점일수록 메뉴가 단순하다. 순댓국이면 순댓국, 돼지국밥이면 돼지국밥 하나만 하는 집이 진짜 맛집이기도 하다. 들어가서 자리에 앉아 "2개요"라고 말하면 다 통한다. 이것저것 메뉴가 많으면 선택의 폭도 넓고, 고객들의 자유도가 높아질 것 같지만 사실은 고객에게도 업주에게도 큰 메리트가 없다. 뭘 먹어야 할지 메뉴 고민해야 하고, 재고와 할 일이 늘고, 사고 날 확률만 커진다. 메뉴 한두 개에 사활을 걸어 고객의 고민을 줄이고 회전율을 올리는 게 장사에서 성공하는 비결이다.

전 세계 1등 햄버거 브랜드인 맥도날드도 메뉴를 단순화해서 성공한 대표적인 사례다. 맥도날드 형제가 1930년대 후반, 캘리포니아의 한 공항 근처에서 작은 매점을 연 것이 그 시작이었다. 이후 가게를 옮기고 이름을 'McDonald′s'로 바꾸었지만, 그때까지만 해도 지금의 맥도날드와는 전혀 다른 모습이었다.

당시 미국에서는 차에서 내리지 않고 음식을 주문해 먹는 드라이브인 방식이 유행이었다. 맥도날드 형제 역시 이 흐름을 따랐는데 문제는 메뉴였다. 지금처럼 햄버거 전문점이 아니라, 바비큐를 중심으로 한 식당이었고, 햄버거는 수십 가지 메뉴 중 하나에 불과했다. 메뉴는 많았고, 조리는 복잡했으며, 주문을 받는 직원도 많이 필요했다. 겉보기에는 잘 돌아가는 가게처럼 보였지만, 속을 들여다보면 전혀 그렇지 않았다. 주문은 너무 느렸고, 인건비는 계속 올라갔으며, 메뉴가 많은 만큼 재고와 낭비도 늘어났다. 손님은 많았지만 회전율이 낮아 매출은 어느 순간부터 정체되기 시작했다.

맥도날드 형제는 문제의 심각성을 깨닫고 "우리가 뭘 잘못하고 있는지 다시 보자"며 머리를 맞댔다. 형제가 매출을 하나하나 뜯어보자 전체 매출의 대부분은 바비큐가 아니라 햄버거, 감자튀김, 음료 같은 '빠르게 만들고, 바로 먹을 수 있는 메뉴'에서 나오고 있었다는 점을 발견할 수 있었다. 선택지는 많았지만, 실제로 팔리는 건 극히 일부였던 것이다.

그래서 맥도날드 형제는 과감하게 방향을 틀었다. 메뉴를 햄버거, 감자튀김, 음료로 줄이고 조리 과정을 단순화했다. 주문 방식도 점원이 일일이 받는 구조를 없애고, 손님이 직접 주문하고 빠르게 받아 가는 시스템으로 전환했다. 지금 기준으로 보면 당연해 보이지만, 당시로서는 굉장히 낯선 방식이었다. 이 결정의 핵심은 '혁신'이 아니라 '단순화'였다.

손님들은 "뭘 먹을지" 고민하는 시간이 사라지자 더 자주 가게를 찾기 시작했다. 맥도날드가 위대한 이유는 잘 안 되는 구조를 끝까지 붙잡지 않고, 복잡함을 버릴 용기를 냈기 때문이다. 이 선택 하나가 이후 패스트푸드 산업의 표준을 만들었고, 오늘날 우리가 아는 맥도날드의 출발점이 되었다.

마켓컬리가 맨 처음 론칭했을 때 사람들의 호응을 얻은 이유도 이와 비슷하다. 기존 온라인 장보기는 고객 입장에서 시간을 너무 잡아먹는 구조였다. 사과 하나를 사려 해도 산지, 품종, 가격 비교, 후기, 판매자 등을 소비자가 하나하나 조사해야 했다. 싸게 사려고 인터넷에 접속했다가 오히려 더 피곤해지기만 하는 경험이었다. 마켓컬리는 이 지점을 정면으로 건드렸다.

"고르는 건 저희가 하겠습니다. 마켓컬리의 상품위원회가 깐깐한 기준으로 상품을 고르고 통과된 제품만 입점시키겠습니다."

마켓컬리는 상품 선택에 대한 부담을 지고 소비자는 안심하고 결제만 하는 시스템을 만든 것이다. '희소가치'라든가 '컬리 추천', '더퍼플셀렉션'이라는 다양한 큐레이션은 단순한 마케팅 문구가 아니다. "이건 우리가 대신 골랐다"는 책임 선언에 가깝다. 소비자는 수천 개의 상품을 비교하지 않아도 되고 이게 좋은지, 저게 나은지 고민할 필요도 없다. 고객은 컬리가 앞단에서 한 번 걸러냈다는 사실만으로 선택의 불안이 사라진다.

맥도날드가 메뉴를 줄여 주문 속도를 높였다면, 마켓컬리는 고객의 판단 단계를 줄여 결제 속도를 높였다. 방식은 달라도 방향은 같다. 단순함은 고객을 배려하는 척하는 장치가 아니라, 실제로 돈이 움직이게 만드는 구조다.

사람들은 단순하면 대충인 줄 아는데, 실제로 돈 버는 구조를 보면 그렇지 않다. 단순한 구조를 만들기 위해, 고객이 아무 생각도 안 하게 만들기 위해 내부에서는 미친 듯이 고민한다. 사업이든 콘텐츠든 다 똑같다. 부동산이면 손님의 니즈에 맞는 집을 잘 골라 보여주면 된다. 이런 얘기는 누구나 다 할 수 있다. 하지만 여기서 "저희 회사에 오시면 공인 중개사들만 볼 수 있는 전산 보여드릴 테니까 다 보세요" 이 한마디면 끝이다. 휴대폰을 사기 위해 여기저기 비교하는 사람에겐 "쿠팡, 공식 홈페이지보다 저렴합니다" 이 한마디면 끝이다.

우리는 평범한 사람이지 세상을 구하거나 바꾸는 슈퍼맨이 아니다. 세상을 바꿀 생각하기 전에, 당장 밖으로 나가서 군고구마 하나라도 제대로 팔아봐라. VC들이 회사를 살 때도 "이 회사가 세상을 어떻게 바꿀까요?"라는 허무맹랑한 질문은 거의 안 한다. 재무제표부터 본다. '숫자가 말이 되느냐, 구조가 돌아가느냐, 확장 가능하냐' 그것이 전부다. 감동적인 스토리는 IR 자료 뒤쪽에나 들어간다.

뭘 하든 단순하게 하라. 멋있게 말고, 똑똑해 보이게 말고, 아주 심플하게. 단순한 건 수준이 낮은 게 아니다. 단순함은 끝까지 고민한 사람만이 만들 수 있는 결과다.

# 실패는 '손해'가 아니라
# 가장 비싼 '데이터'다

사업을 시작하자마자 바로 대박이 나면 좋겠지만, 그런 경우는 거의 없다. 오히려 "이것저것 해봤는데 다 안 된다. 돈이 안 벌린다. 나는 사업이랑 안 맞나 보다. 하는 것마다 안 된다"며 주저앉는 경우가 훨씬 흔하다. 그런데 이걸 "내가 안 되는 사람이라서"라고 해석하면 더 이상 길이 없는 것이고, "데이터가 쌓이는 중"이라고 해석하면 다음 수가 보이기 시작한다.

나는 실패를 '리스크'라고 생각하지 않는다. 실패는 차곡차곡 쌓이는 데이터다. 손해는 아프지만, 그 손해 덕분에 다음 선택을 잘할 확률이 올라간다. 오히려 사업에서 가장 무서운 건 너무 빨리 성공해버리는 거다. 예전에 누군가 "20대 초반에 성공하는 게 제일 위험하다"고 말한 걸 들은 적이 있다. 그 말이 뼈에 박히게 와닿는 이유는 처음에 한 번 크게 벌어 버리면 사람은 "나는 시작하자마자 되는 사람이네"라는 착각을 한다.

나는 군대에 다녀오고 나서 24살쯤, 진짜 말도 안 되게 돈이 벌린 적이 있었다. 한 달에 1,500만 원씩 찍혔다. 남들은 150~200만 원 벌 때 나는 벤츠 끌고 다니고, 랍스터나 킹크랩을 아무 때나 먹었다. 부모님께 매달 150만 원씩 용돈도 챙겨드리고, 월 400만 원짜리 적금도 들었다. 그때는 그게 내 실력인 줄 알았고 "나는 이 정도 되는 사람"이라고 철석같이 믿었다.

그로부터 1년 반쯤 지나 나락으로 떨어지고 나서 보니 세상이 달라져 있었다. 내가 쓰던 방법으로 이미 많은 사람들이 돈을 벌고 있었다. 나는 새로운 무기를 찾아야 했다. 하지만 새 무기를 들었는데 싸움에서 자꾸 진다. 또 시도했는데 안 된다. 그때 깨달았다. 내가 처음에 뽑았던 건 '전설의 검'이 아니라, 운 좋게 맞아떨어진 둔기였다는 걸. 나는 그 둔기를 전설의 검인 줄 알고 뽕에 취해 있었던 거다.

비유하자면 게임 안에 무기가 10개 있다고 치자. 어떤 건 둔기고, 어떤 건 활이고, 어떤 건 총이고, 어떤 건 돌멩이다. 처음에 우연히 한 번 강한 무기를 써서 이겼다 해도 내가 전

쟁을 아는 사람이 되는 건 아니다. 실패를 반복해봐야 "이 전장에서는 총이 맞다", "이 상황에서는 활이 낫다", "이건 아무 데도 안 먹힌다"는 데이터가 생긴다. 그러다 보면 내가 보기엔 별것도 아닌 무기인데, 어떤 사람은 그걸로 큰돈을 버는 경우도 볼 수 있다. 그때는 "아, 내가 못 쓰는 무기인 것뿐이지, 세상에 쓸모없는 무기는 없구나"라는 시야가 생긴다.

실패가 쌓이면, 실력만 늘어나는 게 아니다. 대표들끼리 만나면 결국 디테일에 대해 이야기를 나누게 되는데 그럴 때 유용한 이야깃거리가 될 수 있다.

"요즘 어떤 구조로 돈 벌어?"

"이거 해봤어?"

"어디서 막혔어?"

"그건 왜 그렇게 했어?"

성공한 것 하나만 붙잡고 그것만 유지하는 사람과는 다양한 대화를 나눌 수 없다. 이것저것 시도해본 사람은 이건 왜 안 됐는지, 그때 어떤 선택을 했는지, 다시 한다면 무엇을 바꿀 건지까지 자세하게 알고 말할 수 있다. 실패가 많다는 건 곧, 선택의 히스토리가 많다는 뜻이고 그 히스토리는 그대로 비즈니스 대화의 재료가 된다.

예를 들어, 광고만 해도 그렇다. 네이버 파워링크를 돌려봤는데 3,000만 원 썼는데도 효과가 나타나지 않았다. 메타 광고에 1억 원을 썼는데도 성과가 없었다. 이건 남 얘기로 들으면 그냥 "안 됐다더라"로 끝나지만, 내가 내 돈으로 겪으면 데이터가 된다. 그러다 어느 날 누군가를 만나면 이렇게도 말할 수 있는 것이다.

"나는 메타에 1억 썼는데 이 구조에서는 안 나오더라."

"왜 안 나왔는데?"

"카피가 이래서, 타깃이 저래서, 랜딩이 이래서, 전환이 막혀서 등등…."

"그럼 이렇게 테스트 돌려봐. A/B로 쪼개서."

이게 사업가들이 서로 배워가는 방식이다. 실패가 없으면 이런 대화가 열리지 않는다. 물론 이런 말을 하면 또 이런 반응이 나온다.

"난 돈이 없어서 실패할 일도 없는데요."

처음부터 1,000만 원, 2,000만 원 쓰라는 소리가 아니다. 한 달에 30만 원, 50만 원이라도 쓸 수 있으면 그걸로 테스트를 해봐라. 아니면 돈이 거의 안 드는 방식으로 먼저 해보는 것도 추천한다. 돈이 안 드는 게 뭐냐고? 유튜브, 인스타 릴스 등으로 해보면 된다. 사실 우리 회사도 유가 광고보다 돈을 안 쓰고 내가 유튜브, 인스타, 틱톡에 업로드한 것을 보고 찾아오시는 고객님들이 훨씬 많다. 남들이 먼저 하는 걸 보고, 따라 하고, 작은 돈이라도 벌리면 그때 재투자하면 된다.

중요한 건 규모가 아니라 '실험이 돌아가고 있느냐'다.

그렇다면 어떤 무기를 써야 할까?

마케팅의 기본은 간단하게 검색 유입, 외부 유입으로 나눌 수 있다. 검색 유입은 네이버나 구글 등 검색엔진에서 키워드로 검색해 내 사이트로 들어오는 것인데, 예를 들어 블로그, 지식인, 지도 등이 있다.

네이버에 신림동 부동산을 검색하면 2025년 3월에 쓴 글이 아직도 2등으로 올라와 있다. 이 글을 클릭하면 우리 회사의 USP(Unique Selling Proposition), 즉 우리 회사에서 왜 구매를 해야 하는지, 회사는 어디에 위치해 있는지, 전화번호는 무엇인지 모두 나와 있다. 이런 글이 만약 100개, 아니 1000개 이상이라면 어떻겠는가? 블로그뿐만이 아니라 앞서 말한 지식인, 지도 등에도 적용할 수 있다. 운영하고 있는 회사의 키워드를 찾아 모두 다 적용시켜봐라.

그렇다면 키워드는 어떻게 찾는 것일까? 키워드를 찾을 수 있는 몇몇 사이트가 있지만 흔히 많이 이용하는 사이트를 소개하겠다.

- 네이버 광고 – 네이버에서 운영하는 광고 시스템
- 마피아넷 – 네이버에 검색해서 무료로 사용 가능
- 블랙키위, 데이터랩, 구글 트렌드 등

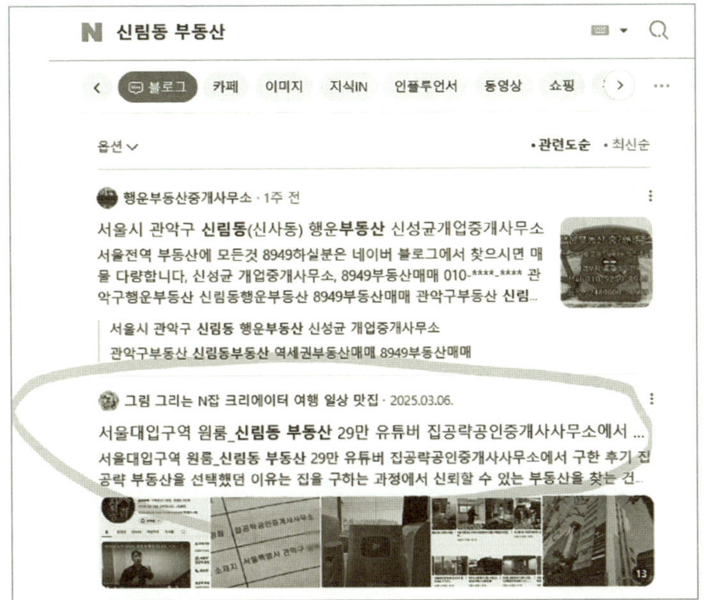


　이 사이트들의 경우에는 매달 또는 매년 본인이 찾고자 하는 키워드, 본인의 회사 검색량 또는 타 회사의 검색량까지 모두 볼 수 있다. 그런데 매번 네이버에 들어가서 검색하기 귀찮다면 카카오톡에 '자비스'라는 것을 친구 추가를 해두자. 회사 내부에서든 외부에서든 간단한 검색은 바로 할 수 있다.

　이처럼 카카오톡 채팅으로 키워드만 검색한다면 어느 정도 트래픽이 나오는지 알 수 있다.

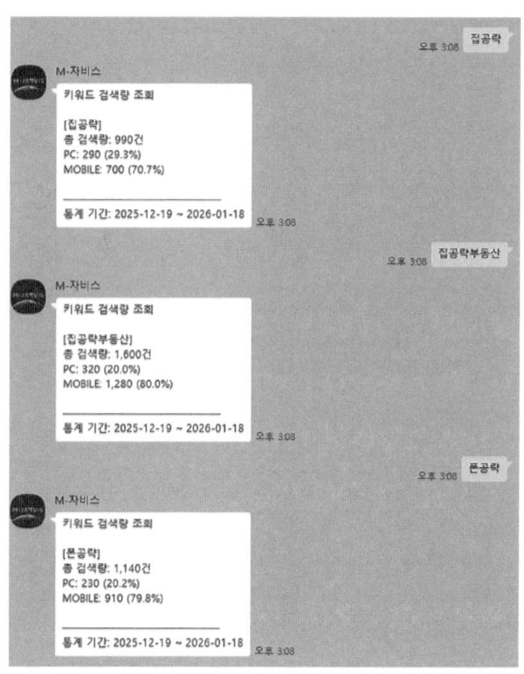


두 번째는 외부 유입이다. 외부 유입은 말 그대로 외부에서 들어오는 유입이다. SNS, 커뮤니티, 타 사이트의 링크 등 외부 경로를 통해 방문자가 들어오는 경우다. 본인 회사의 소유물로 광고를 하지 않고, 블로그 기자단, 체험단 등(키워드를 주면 대신 본인이나 회사를 일정 금액을 받고 홍보 해주는 사람들)에 일정 금액을 지불하면 글을 써준다.

블로그뿐만이 아니라 요즘은 유튜버에게 일정 금액을 주고 광고를 맡기고 홈페이지를 적는 방식도 외부 유입이라 보면 된다. 인스타그램도 마찬가지다. 또한 사람들이 많이 찾는 커뮤니티에서도 글을 써달라고 하거나 네이버 카페 같은 경우에는 배너를 달아 외부 유입을 할 수 있다.

하지만 안타깝게도 인스타그램은 댓글이나 캡션(유튜브로 치면 더보기란)에 홈페이지 주소를 달 수 없다. 그래서 영상을 업로드할 때 공동작업자로 걸면 우리 회사 계정으로 유입이 된다. 캡션이나 댓글에 주소 그리고 전화번호를 넣으면 고객이 그것을 보고 매장으로 방문하거나 전화를 주신다.

제발 이 글을 읽으면서 찡찡거릴 생각부터 하지 마라. "나는 안 돼"라고 결론 내릴 시간이 있으면, 데이터 한 줄이라도 더 쌓아라. 실패는 당신을 구렁텅이로 빠뜨리거나 당신의 인생을 망가뜨리려고 찾아오는 게 아니다. 당신을 더 단단하게 하고 분별력 있는 사람으로 만든다. 그리고 그 분별력이 다음 성공을 '운'이 아니라 '확률'로 바꿔준다.

# 해시태그 하나가
# 당신의 통장을 불린다

요즘에 "해시태그는 이제 의미 없다"는 말을 하는 사람들이 종종 보인다. 플랫폼이 바뀌었고, 알고리즘이 달라졌고, 예전 방식이 통하지 않는다는 이야기다. 그런데 나는 그 말에 선뜻 고개가 끄덕여지지 않는다. 해시태그는 여전히 중요하다. 해시태그는 노출을 위한 기술이기 전에, 사람들이 무엇을 찾고 있는지를 이해하는 지표다.

예를 들어, 다이어트를 생각해보자. 누군가가 살을 빼고 싶다는 생각이 들었을 때, 감정부터 검색할까, 아니면 해결책부터 찾을까. 대부분은 네이버에 '다이어트', '다이어트 식단', '뱃살 빼는 법', '내장지방 빼는 법'과 같은 단어를 검색한다. 이 키워드들은 한 달 검색량이 적게는 수천, 많게는 수만 회가 넘는다. 그냥 호기심으로 치는 단어가 아니다. 이미 문제를 인식했고, 방법을 찾고 있으며, 경우에 따라서는 돈을 쓸 준비까지 된 사람들이 검색하는 문구다.

해시태그도 정확히 이 지점에서 작동한다. 인스타그램이나 유튜브에 해시태그를 아무렇게나 붙이는 게 아니라, 사람들이 실제로 검색할 법한 단어를 찾아서 넣는 것, 그게 해시태그의 본질이다. 마케팅이라는 말이 부담스럽다면 이렇게 바꿔도 된다. "이 글이나 이 영상을, 누가 어떤 말로 찾을까?" 이 질문에 답하지 못한 채 붙인 해시태그는 노출이 안 되는 게 아니라, 애초에 찾아질 이유가 없는 상태인 것이다.

블로그도 마찬가지다. 몇 시간씩 공들여 글을 쓰거나, 유튜브 영상을 만들었는데 키워드나 해시태그를 엉뚱하게 잡아서 노출이 안 된다면, 그건 실력이 부족하다거나 내용을 못 만든 게 아니라, 사람들 앞에 제대로 올려놓지 못한 거다. 가끔 보면 #다이어트망했어ㅠㅠ, #식단힘들다, #다이어트너무어려워 같은 해시태그를 단 콘텐츠들이 있다. 친구들끼리 공감하고 소통하려는 목적이라면 이해하지만 다이어트 정보를 팔고 싶고, 식단을 판매하고 싶고, 상담 문의를 받고 싶다면 이야기는 완전히 달라진다. 구매자가 검색엔진에 '다이어트망했어ㅠㅠ'를 칠 확률은 거의 없기 때문이다. 사람들은 감정을 검색하기보다 해결책을 검색한다.

그래서 해시태그는 중요하다. 마케팅하는 사람들 사이에서는 이걸 "SEO를 잘 잡는다"고 표현한다. 어렵게 들릴 수 있지만, 결국 같은 말이다. 사람들이 많이 모여 있는 길 위에, 내 콘텐츠를 정확히 올려놓는 일이 안 되면 아무리 좋은 글을 써도, 아무도 없는 방에서 혼잣말하는 것과 다르지 않다.

물론 본질이 중요하지 않다는 이야기는 아니다. 음식점이라면 맛이 있어야 하고, 보험을 판다면 정직해야 한다. 하지만 아무리 맛있고, 아무리 정직해도 알려지지 않으면 팔리지 않는다. 마케팅은 과장이 아니라 검증 과정이다. 내가 가진 게 돌멩이인지, 전설의 검인지 시장에 내놓고 확인해보는 일이다. 문제는 많은 사람들이 이 과정을 건너뛴 채 "나는 실력만 있으면 된다"고 믿는다는 데 있다.

이 지점에서 유가 광고 이야기를 하지 않을 수 없다. 솔직히 말하면, 나는 유가 광고를 쉽게 권하지 않는다. 생활이 흔들릴 정도로 여유가 없는데 광고부터 시작하는 건 위험하다. "이 돈은 없어져도 괜찮다"는 수준의 여유 자금이 있는 사람이라면 시도해봐도 좋다.

유튜브, 인스타그램, 틱톡에서 돈을 내고 노출하는 것도 모두 유가 광고다. SNS 광고는 그나마 콘텐츠가 며칠, 길게는 몇 달 이상 살아남는다. 진짜 위험한 건 메타 광고, GDN,

GFA, 카카오모먼트 같은 퍼포먼스 광고다. 이건 손익분기점 (BEP)을 제대로 계산하지 않으면, 잘나가던 회사도 한순간에 무너진다. 광고비가 빠져나가는 속도가 너무 빨라서 감각이 무뎌진다.

나 역시 그런 경험이 있다. 2024년에 광고비로만 2억 원 가까이를 썼는데, 돌아온 매출은 500만 원도 안 됐다. 내 지인은 연 매출 150억 원을 이야기했지만, 막상 들여다보니 광고비로 대부분을 소진하고 월에 손에 쥐는 돈은 1천만 원도 안 되는 구조였다. 매출 숫자는 크지만, 남는 게 없는 회사였다.

그렇다고 유가 광고를 무조건 하지 말라는 건 아니다. 하루에 10만 원, 20만 원 정도로 천천히 테스트하는 건 충분히 의미 있다. 다만, 반드시 BEP를 계산해야 한다. 광고비는 늘어나는데 성과가 안 나오기 시작하면, 그때부터는 "아, 이게 돈을 버린다는 느낌이구나"를 몸으로 알게 된다. 한 번에 큰 돈을 쓴다고 회사가 갑자기 우상향하지 않는다. 전설의 검 하나 뽑았다고 판이 뒤집히는 일은 없다. 결국 마케팅은 단기 승부가 아니라 누적 게임이다. 무료 마케팅이든, 유가 광고든 중요한 건 실패 데이터를 천천히 쌓으면서 확률을 높이는 것이다.

# 확장은 욕심이 아니라
# '구조'로 하는 것이다

요즘은 여러 가지 사정으로 방송 활동이 뜸하지만 백종원은 요리를 하는 사람이 아니라 전형적인 요식업계 사업가다. 방송에 나와 요리를 많이 하다 보니 일반 대중들이 보기에는 '셰프' 같겠지만, 내가 보기에는 '사업의 기본 공식'을 한 번 제대로 뚫은 경영 전문가다.

백종원이 하는 사업의 본질은 요리가 아니라 구조다. 그는 한 인터뷰에서 "사장이 요리를 잘할 필요는 없다. 누가 해도 비슷한 결과가 나와야 장사다"라고 했다. 그는 한 가지 품목으로만 사업을 확장했다기보다는 품목이 특화된 브랜드를 여러 개 만들면서 사세(社勢)를 확장했다. 한식, 중식, 카페,

포장마차처럼 업종은 제각각이지만 모든 브랜드에는 공통된 원칙이 있다. 누가 운영하더라도 큰 숙련 없이 비슷한 결과가 나오도록 조리 과정과 동선, 인력 구조까지 철저히 표준화되어 있다는 점이다. 개인의 감각에 의존하지 않고, 시스템으로 맛을 재현한다.

이 방식은 요식업에만 국한된 이야기가 아니다. 음식을 팔든, 휴대폰을 팔든, 부동산을 팔든, 책을 팔든 겉모습은 전혀 다르지만 사업이 돌아가는 방식은 거의 비슷하다. 법인을 10개, 20개 굴리는 사람들을 보면 시스템을 복사해서 붙여 넣은 것처럼 거의 똑같다. 그래서 어떤 업종에서든 한 번 성공해본 사람은 다른 업종을 해도 최소한 중위권 이상은 간다. 1등까지는 아니더라도 2~3등은 한다. 물론 예외로, 업종마다 안 먹히는 방법도 분명히 있다. 예를 들어, 부동산은 메타 광고를 아무리 돌려도 성과가 잘 안 나는 편이다.

나는 사업을 확장할 때 무엇보다 '연결성'을 중요하게 본다. 멀쩡하게 휴대폰을 잘 팔던 사람이 돈을 더 벌고 싶다고 갑자기 샤워기를 파는 건 구조적으로 맞지 않는다. 고객도, 동선도, 구매 맥락도 전혀 이어지지 않기 때문이다. 하지만 휴대폰 케이스, 보호필름, 충전기 같은 액세서리로 확장하는 건 너무나 자연스럽다. 대한민국 사람 누구나 휴대폰을 가지고 있고, 집에서는 인터넷을 사용하는데, 인터넷을 설치한다는 건 곧 '집'과 연결된다. 집은 전·월세 계약이 끝나면 이사를 해야 하고, 이사를 하면 청소가 필요하다. 청소를 하다 보면 가전이 보이고, 가전은 구매나 교체 부담 때문에 자연스럽게 렌탈을 찾는 흐름으로 이어진다. 고객의 삶을 따라가다 보면 자연스럽게 이어지는 줄기다. 하나의 업종에서 시작했지만, 고객의 다음 행동을 예측해 따라가다 보면 사업은 옆으로, 위로, 깊게 확장된다. 실제 이런 구조로 커진 '아정당'이라는 회사가 있다.

아정당은 내가 말한 것처럼 인터넷 통신 가입 서비스, 가전 렌탈, 모바일(휴대폰·알뜰폰), 이사 서비스, 청소 서비스, 인테리어, 부동산, 보험, 상조 등 생활 전반의 서비스 플랫폼을 지향한다는 점에서 '토탈 생활 솔루션' 형태를 갖추고 있다. 2024년 한 해 동안 70만 7천 건의 계약을 유치하면서 최단 기간, 최다 생활 서비스 가입자를 유치했다. 또한 매출 규모도 커서 2023~2024년 사이 1,000억 원대 매출을 돌파했다는 보도도 나온 바가 있다.

만약 어쩔 수 없이 기존 사업과 연결이 안 되는 업종을 하고 싶다면 전문가를 앞에 세워야 한다. 내가 지분을 조금 가져가고, 실무는 그 사람이 전부 책임지게 해야 한다. 그래서 내가 직접 관리할 거라면 반드시 기존 업종과 비슷한 카테고리여야 한다. 휴대폰을 팔던 사람이 볼펜을 팔고 싶다면, 볼

펜 전문가를 데려와서 전권을 주는 방식이어야 한다.

네이버나 카카오가 사업을 확장하는 방식도 이와 크게 다르지 않다. 금융, 콘텐츠, 커머스, 클라우드 등 다양한 영역으로 빠르게 확장해 왔지만, 그 사업들을 네이버나 카카오가 직접 운영하거나 세세하게 관리하지는 않는다. 각 영역마다 금융 전문가, 콘텐츠 전문가, 기술 전문가를 전면에 세우고, 회사는 플랫폼과 자본, 의사결정 구조만을 제공한다. 다시 말해, 운영은 전문가에게 맡기고 네이버와 카카오는 전체 구조를 설계하고 조율하는 역할에 집중한다.

이 방식의 핵심은 연결되지 않는 업종을 무리하게 끌어안지 않고, 자신들이 가장 잘하는 역할에만 머문다는 점이다. 그래서 사업이 늘어날수록 대표 개인의 역량에 의존하는 구조가 아니라, 시스템이 돌아가는 조직으로 진화할 수 있었다. 나도 예전에 연수기를 팔아보려고 한 적이 있었는데, 부동산과는 전혀 연결점이 없어서인지 하나에 힘을 주면 다른 하나가 무너졌다. 그때 "확장은 욕심으로 하는 게 아니라 구조로 해야 한다"는 걸 깨달았다.

- 부동산: 중개수수료 사업 → 사업 확장 → 전자담배 판매

- 휴대폰: 판매수수료 사업 → 사업 확장 → 닭가슴살 판매

- 운동 인플루언서: 건강식품 공동구매 → 사업 확장 → 중고차 판매

예를 들어 부동산을 하던 사람이 위의 예시처럼 전자담배 사업을 시작했다고 하자. 만약 "부동산은 거의 접고, 시간과 자본, 지분까지 모두 정리해서 전자담배에 올인한다"면 그건 이해할 수 있다. 새로운 업에 인생을 걸겠다는 선택이기 때문이다. 하지만 기존 사업도 놓지 못하고, 새로운 사업도 놓지 못한 채 두 개를 동시에 붙잡으면 결과는 뻔하다. 둘 다 어정쩡해지고, 어느 쪽에서도 성과가 나지 않는다.

반대로 연결성이 있는 확장은 이야기가 다르다. 부동산 중개를 하는 사람이 빌라나 아파트를 매매하다 보면, 자연스럽게 고객이 인터넷 가입을 하게 된다. 집을 구하면 인터넷이 필요하기 때문이다. 그 흐름에서 인터넷을 판매하게 되고, 인터넷을 하다 보면 휴대폰까지 연결된다.

운동 인플루언서의 사례도 마찬가지다. 운동 콘텐츠를 하던 사람이 건강식품 공동구매를 하는 건 자연스럽다. 그중에서도 닭가슴살이나 건강 관련 식품이라면 더더욱 그렇다. 팔로워들은 이미 '이 사람이 말하는 건강'이라는 맥락 안에 들어와 있다. 전혀 다른 제품을 갑자기 파는 게 아니라, 기존 신뢰를 그대로 활용하는 구조다. 그래서 성공 확률이 급격히 높아진다.

어떠한 일을 하거나 사업을 하든 최대한 1%라도 확률이 높은 곳에 투자해야 한다. 반대로 그걸 무시한 확장은 대부분 시간과 돈을 동시에 잃는 선택이 된다. 업종을 늘리고 싶다면 반드시 연결성을 만들어야 한다. 그 연결 위에서만, 내가 쌓아온 노하우가 작동할 수 있다. 그걸 무시하고 아무거나 붙이면 결국 몸만 바빠지고 성과는 흐려진다.

# 매장에 들어가는 순간,
# 매출이 보인다

나는 어떤 가게나 매장에 들어가면 메뉴보다 먼저 테이블을 본다. 예를 들어, 순댓국집에 들어가면 "뭐가 맛있을까?"보다 "테이블이 몇 개지?"부터 살핀다. 장사가 되는 가게는 대체로 매출 계산이 가능하다. 물론 100% 맞지는 않지만, 대충의 윤곽은 금방 잡힌다.

순댓국집이라면 대부분 한 사람이 한 그릇씩 먹는다. 테이블 수를 먼저 세고, 점심시간에 꽉 차는지, 줄을 서는지 본다. 테이블 하나에 앉는 인원은 보통 2명에서 많아야 3명이다. 나는 보수적으로 2명을 기준으로 잡는다. 순댓국 한 그릇이 만 원, 여기에 음료를 하나씩 곁들이면 테이블당 대략 2만 5

천 원에서 2만 6천 원 정도가 나오고, 테이블이 10개라면 한 바퀴에 25만 원이다. 대기가 있다면 최소 1.5바퀴, 많으면 2바퀴다. 그러면 점심 장사만으로도 40만~50만 원 선이 보인다. 저녁에 가보면 계산은 더 명확해진다. 도가니탕이나 수육 같은 고가 메뉴가 있고, 술을 파는 구조라면 저녁 매출은 점심보다 좀 더 높을 것이다. 이걸 머릿속에서 빠르게 돌려본다. 이 가게는 하루에 얼마를 벌고, 여기서 인건비와 임대료를 빼면 얼마나 남는지, 직원이 몇 명인지, 교대는 어떻게 도는지, 24시간 영업인지 아닌지… 이런 것들을 관찰하다 보면 대체로 실제 매출에서 크게 빗나가지 않는다는 걸 알 수 있다.

순댓국집처럼 눈에 보이지 않는 사무실에서 하는 사업, 온라인 기반 사업은 테이블을 셀 수도 없고 줄을 볼 수도 없다. 그래서 매출을 알아내기가 쉽지 않다. 누군가 자신의 사업 연 매출이 100억이라고 말하면, 나는 그 숫자를 곧이곧대로 믿지 않는다.

"고객이 어디서 어떻게 들어와요?"

"어떤 흐름으로 고객이 결제까지 가나요?"

"문의를 만들기 위한 장치는 어디로 연결되어 있나요?"

이런 질문들로 수익 구조를 파악해보려 한다. 그래서 잘되는 회사가 보이면 속속들이 다 뒤진다. 홈페이지, 콘텐츠, 광고, 상담 흐름, 콜투액션(CTA) 등등. 회사의 콘텐츠를 보고 연락을 하게 되어 있는지, 아니면 그냥 정보만 던지고 끝나는지 영상이든 글이든 다 찾아본다. 고객이 사게 만드는 글을 썼는지, 그냥 설명하는 글인지 보면 바로 안다.

예를 들어, 휴대폰 콘텐츠를 만든다고 해보자.

"갤럭시 S25가 나왔고, 디스플레이는 이렇고 카메라는 저렇습니다."

여기서 끝나면 구매 문의는 안 올 확률이 높다. 정보는 있지만 행동을 유도하지 않기 때문이다. 반면에 "휴대폰을 2년 쓸 거면 A 매장에서 사는 게 싸고, 3년 이상 쓸 거면 B 매장이 낫습니다. 신도림 성지는 가격 편차가 커서 초보자에겐 어렵습니다" 이런 멘트가 더 좋다. 이건 정보처럼 보이지만, 사실은 선택을 대신해주는 구조다. 그리고 그 선택의 끝에는 자연스럽게 '문의'가 생긴다.

그래서 20~30대라면 사람을 많이 만나면서 그들이 가진 관점을 많이 배우려고 해야 한다. 누구는 이렇게 보고, 누구는 저렇게 본다는 그 시야가 쌓이면, 누군가 매출 이야기를 할 때 말이 앞뒤가 맞는지, 구조가 있는지 없는지 바로 느낄수 있다. 그리고 정말 중요한 건, 그 구조를 가져오는 능력이다.

"저 사람은 저렇게 벌고 있네. 그럼 나는 이걸 내 방식으로 어떻게 적용할 수 있을까?"

이 생각이 되는 순간부터 사업은 숫자가 아니라 시스템이 된다.

매장에 들어가는 순간 매출이 보인다는 건, 특별한 재능이 아니다. 계속 관찰하고, 계속 분석하고, 계속 구조를 뜯어본 사람에게 생기는 감각이다. 이 감각이 쌓이면 보이는 사업이 든 보이지 않는 사업이든 결국 다 같은 방식으로 읽히기 시 작한다.

# 마케팅을 모르면 사업은 망한다

나는 사업을 하는 데 있어서 가장 중요한 것이 '마케팅, 사람, 시스템'이라고 생각한다. 그래서 이 세 가지 요소에 대해 하나씩 이야기를 풀어가보려 한다.

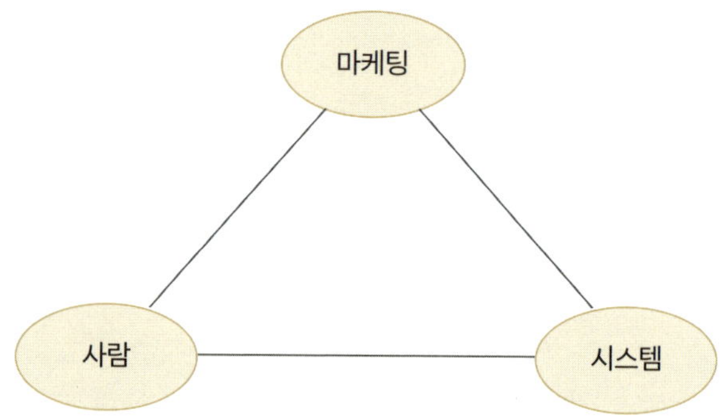

내가 아는 한 친구는 휴대폰을 파는데 인스타도 못 하고, 유튜브는 관심도 없고, 마케팅이라고 해봐야 블로그 하나밖에 할 줄 모른다. 그런데 그 블로그가 플레이스랑 엮여서 상위 노출이 잘되는 편이라 한 달에 휴대폰을 150대쯤 판다. 휴대폰 한 대당 마진을 보수적으로 잡아도 20만 원, 많으면 30만 원인데, 단순 계산해보면 한 달에 3,000~4,000만 원 사이가 나온다. 블로그에 뭐 대단한 전략이라도 심어놨나 싶지만 그냥 사람들이 들어오게 만들어놨을 뿐이다.

우리가 백화점을 좋아하고 자주 가는 이유가 무엇이라 생각하는가? 단순히 물건을 구매하기 위해서일까? 백화점은 들어가자마자 1층에 화장품 매장이 있고, 향기가 좋다. 밝고 깨끗하고, 기분이 묘하게 좋아진다. 나는 이걸 '양지의 기운'이라고 부른다. 반대로 매장이 지저분하고, 어둡고, 직원 옷차림도 흐트러져 있으면 들어왔다가도 본능적으로 여기서 나가고 싶다는 생각이 든다.

백화점의 층별 매장은 감각이나 취향을 고려해서가 아니라 아주 노골적으로 고객들이 들어와서 소비하도록 설계되어 있다. 앞서도 말했지만 보통 1층에는 화장품과 주얼리, 명품 매장이 들어서 있다. 이는 고객이 "예쁘다, 갖고 싶다, 기분 좋다"라는 감정을 가지게 해 이성적인 판단력을 급격히 떨어뜨린다. 그래서 1층에 들어서는 순간 뭔가 사고 싶어지는 '쇼핑 모드'로 빠르게 전환될 수 있게 하는 역할을 한다.

그리고 2~3층에는 대개 여성복, 남성복, 가방, 신발과 같은 잡화 매장이 있다. 1층에서 이미 "여기서 돈을 쓰면 좋겠다"는 심리적 허가를 받고 나서 자신의 이미지를 높여줄 상품들을 둘러보는 것이다. 이 층은 보통 동선이 넓고 거울이 많다. 브랜드별로 줄지어 있는 매장의 상품들을 보며 가격과 디자인을 비교하고 자신에게 무엇이 어울릴지 오랫동안 고민한다. 결정이 늦어지면 늦어질수록 체류 시간이 늘어나고 이러한 결정의 지연은 구매 확률을 높이는 작용을 한다.

4~5층은 보통 생활과 관련된 가전, 침구, 그릇 등을 취급하는 매장이 들어선다. 사람들은 이미 1~3층에서 감정적으로 돈을 쓸 준비가 되어 있지만 자신을 위해 쓰는 것은 '사치'라고 여기기도 한다. 그래서 리빙층은 "이건 가족들을 위한 거야", "이건 우리 집에 필요해", "언젠가는 사려고 했던 건데 마침 세일도 하니까"라며 이성적인 이유를 붙여주는 역할을 한다.

이제 6층 이상 상층부로 갈수록 식당가나 문화센터, 고객센터, 대형 가구 같은 의도적인 방문을 위한 매장들이 위치하게 된다. 밥을 먹기 위해, 아이와 시간을 보내기 위해, 강좌를 듣기 위해, 특정 매장에 가기 위해 올라가는 층이 되는 것이다. 그리고 지하는 고객의 빈손 귀가를 막는 최후의 보루 같은 곳이다. 주로 식품관이나 푸드코트가 자리하는데, 다른 층에서 구매한 것이 없더라도 "그래도 밥은 먹고 가야지" 하며 들르게 되는 것이다. 하다못해 저녁 식재료라도 구입하고 나갈 수 있게 가격 저항을 낮추고 소액 결제를 유도한다. 한 번에 큰돈을 쓰지 않아도 "오늘 백화점에서 그래도 뭔가는 샀다"는 심리적인 만족감을 남겨 빈손으로 나가는 상황을 최대한 피하게 만든다. 지하는 매출 규모보다 구매 경험을 완성시키는 상치에 가깝다.

이렇게 보면 백화점은 단순히 카테고리를 나누어 층별로 매장을 배치한 공간이 아니라, 사람이 어떤 순서로 마음을 열고, 어떤 이유로 지갑을 여는지를 계산해 설계된 하나의 거대한 마케팅 구조다. 들어오는 순간부터 나가는 순간까지 소비자는 거의 끊김 없이 다음 행동으로 밀려간다.

마케팅을 그냥 '광고'라고 생각하는 사람들이 많은데 마케팅은 광고 이전에 공간이고, 분위기이고, 첫 장면이다. 마치 처음 보는 남녀가 서로를 보자마자 같이 있고 싶은지 아닌지 3초 만에 결정하는 것과 비슷하다. 그래서 우리 부동산 사무실도 마치 공인중개사가 담배를 피울 것 같은 다른 부동산과는 다르게 화이트 톤의 인테리어와 조명을 밝혀서 고객이 들어왔을 때 기분이 좋을 수 있도록 꾸몄다. 그리고 들어서자마자 유튜브에서 받은 실버버튼이 보이도록 진열해 놓았다.

고객이 앉는 테이블마다 전세 사기, 월세 사기 사례와 함께 "이런 건 다 사기입니다. 조심하세요" 대신 "혹시 집주인 문제로 사고가 나도, 저희가 소액으로 변호사와 법무사를 연결해드립니다"라는 문구를 추가해 어떤 계약을 하든 안심할 수 있는 환경을 만들었다. 여기에 방송 출연 이력까지 걸어놓으면 금상첨화다. 고객이 '아, 여긴 그래도 믿을 만한 괜찮은 데구나'라고 느끼게 하는 것이 먼저이고 계약은 그다음 문제다. 사장이 해야 할 일은 딱 하나다. 고객이 들어오는 순간 계약을 해도 되겠다는 느낌을 만들어 놓는 것!

**처음 우리 사무실에 들어오는 사람들은 대부분 같은 말을 한다. "다른 부동산들이랑은 분위기가 전혀 다르네요."**

부동산을 한 번이라도 다녀본 사람이라면 안다. 문을 열고 들어갔을 때 인사는커녕, 누가 왔는지조차 관심 없는 곳이 얼마나 많은지. 그래서 우리는 문을 열고 들어오는 순간, 고객을 맞이하는 전담 CS 담당자가 있다. 처음 마주치는 표정과 태도부터 '여기는 신경 쓰는 곳'이라는 인상을 주기 위해서다. 그리고 고객의 시선이 자연스럽게 가는 자리에 실버버튼이 보인다. 이어서 내가 MBC, SBS에서 방송했던 이력, 유명 연예인과 함께했던 장면들을 사진으로 걸어두었다. 설명하지 않아도 된다. 사람들은 들어오는 순간 이미 판단을 시작한다.

"아, 여긴 그냥 동네 부동산은 아니구나."

부동산에 줄 서서 집 구하는 사람들을 본 적이 있는가? 우리 부동산은 매주 주말이면 사진처럼 고객들로 사무실이 꽉 찬다. 온라인이나 오프라인으로 사람을 모으는 것도 중요하지만, 들어온 사람의 계약 확률을 어떻게 끌어올리느냐도 사무실 내 마케팅에 달려 있다. 마케팅은 단순히 손님을 데려오는 일이 아니다. "왜 하필 여기여야 하는가?"에 대한 이유

를 만들어주는 일이다.

여기까지 읽고 "나는 유튜브 채널도 없고, 방송에 나온 적도 없고, 대단한 게 없는데 어떡해?"라는 생각이 들 수 있다. 그럴 때는 회사나 매장에 고객이 방문했을 때 방송 출연 이력이 아닌 글이나 사진으로 자신의 장점을 보여주면 된다.

옆 사진은 고객이 테이블에 앉자마자 바로 볼 수 있는 글이다. 우리 회사가 어떤 기준으로 서비스를 제공하는지 한눈에 전달하기 위한 장치다. 예를 들어, 우리 휴대폰 매장 같은 경우에는 '쿠팡보다 10원이라도 비싸면 10배 보상, 휴대폰 구매 이후 3달 이내 파손 시 (고객 잘못이라도) 무료 교체' 등이 있다. 이 한 줄만으로도 고객이 느끼는 불안은 크게 줄어든다. '여긴 가격으로 속이진 않겠구나', '문제가 생겨도 책임을 지는 곳이구나'라는 판단이 자동으로 따라온다. 만약 당신이 영업을 하는 사람이고 고객을 직접 찾아가야 한다면 이러한 글이나 사진을 카카오톡에 넣어 놓거나, 고객님들과 미팅 전 문자나 카카오톡으로 "저를 만나시기 전에 꼭 읽어보세요!"라고 메시지를 보내면 된다.

중요한 건 입장을 바꿔 생각하는 일이다. 내가 고객이라면 무엇이 불편할지, 어디에서 망설일지, 다른 회사와 비교했을 때 결정적인 차이는 무엇일지를 먼저 정리해두는 것. 마케팅은 화려한 말이 아니라, 고객의 불안을 얼마나 미리 제거해

주느냐에서 갈린다. 이런 작은 장치 하나가 계약을 앞당기고, 불필요한 설명을 줄여준다.

그런데 나도 한 번 실수했던 적이 있다. 우리 집공략 부동산 같은 경우에는 전세 사기를 당하면 변호사, 변호사 비용을 100% 지원해준다. (전세 계약하면 매출이 100만 원 남짓이지

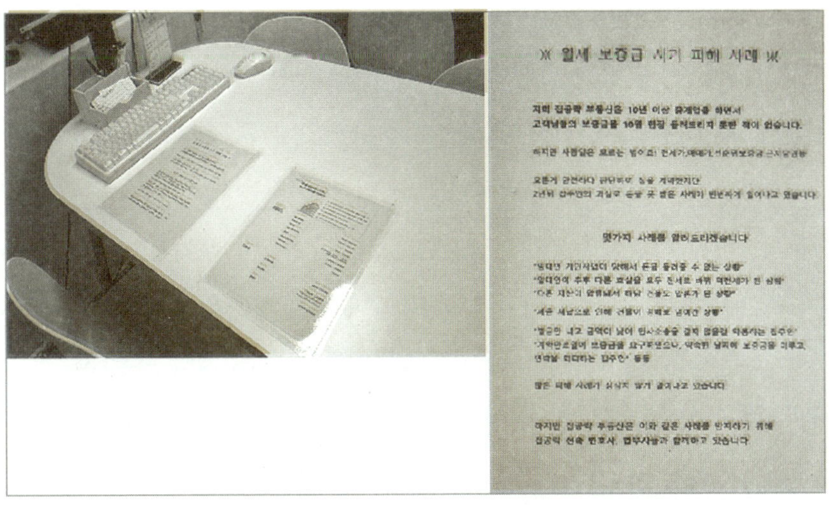

만. 변호사 법무사 수임비는 500만 원 이상이다.) 그런데 초반에 한 고객님이 전세 사기를 당하셔서 내 돈으로 모두 다 물어준 적이 몇 번 있다. 자그마치 2억 원 가까이 된다. 이런 무리수는 두지 않는 게 좋다. 우리 회사에서 잘못을 했다면 모두 다 물어주는 게 맞지만 집주인(타인)이 잘못했을 때까지 회

사에서 다 지원을 해줄 필요는 없기 때문이다. 하지만 나는 해줬다. 지금 와서 생각해보면 좋은 경험이지만 감당 가능한 선에서 기준을 세우는 것이 중요하다는 교훈을 얻었다.

이런 것도 해놓지 않고 "아, 저희는 손님만 오면 다 계약할 수 있는데, 손님이 없네요"라는 말을 하는 사람들이 있다. 그건 실력 자랑이 아니라 마케팅을 할 줄 모른다는 부끄러운 말이다. 마케팅을 어느 정도 잘한다 하더라도 매장에 방문했을 때 "여기 무슨 회사야? 믿어도 되는 거야?"라는 생각이 든다면 아무리 영업을 잘하는 사람이라도 계약까지 연결할 수 없다. 실력이 있으면 뭐하나, 고객님이 안 오는데.

이런 사람들은 고객이 와도 문제다. 고객이 계약을 안 하고 나가면 "좀 이상한 사람이야"라며 자기 위안을 한다. 고객이 들어오시자마자 "여기서는 계약해도 안전하겠다"라는 생각이 첫 번째로 들게 만들어 놓고 온라인이든 오프라인이든 마케팅을 해야 한다. 그래서 나는 네이버 안에 있는 블로그, 플레이스, 파워링크, 카페, 맘카페, 중고나라 등등 다 시도해보라고 한다. 한 달에 1,000만 원 번다고 거기에 취하지 말고, 1년을 좀 답답하게 버텨서 다음 단계를 노릴 생각을 해야 한다.

마케팅에서 '모방'은 필수다. 누누이 말하지만 그대로 베끼라는 말이 아니다. 휴대폰을 팔고 있더라도 부동산, 중고차

등 다른 영역의 마케팅을 참고해 구조만 가져오면 된다. 영상이든 글이든 잘되는 것들에는 이유가 있다. 그걸 자기 업종에 맞게 바꾸면 되고, 안 맞다 싶으면 다른 걸 또 찾아보면 된다. 콘텐츠는 생각보다 무한하다.

유튜브나 인스타그램 모두 정보는 똑같이 정확한 걸 줘야 한다. 하지만 유튜브 같은 경우에는 개그감이 있는, 조금은 출연자가 허술하고 없어 보이는 쪽이 좋다. 표정을 웃기게 한다든지, 리액션이 크다든지…. 하지만 인스타그램은 좀 다르다. 유튜브에 올린 영상을 적절히 편집해서 릴스로 올려도 좋지만 인스타그램은 인스타그램만의 감성이라는 게 있다. 그 감성이 도대체 뭐냐고? 사실 인스타그램은 유튜브보다 조금 있어 보여야 한다. 남들이 부러워할 만한 것들이나 '내가 난데? 나 짱인데?'라는 느낌이 들면 좋다.

아래 둘은 유튜브 초고수다. 나는 솔직히 이 정도까지 천재적인 아이디어 발상과 편집을 하지 못한다. 하지만 팔로워를 본다면 유튜브는 확연히 높은데 인스타그램은 낮다. 하지만 조회수는 높다. 왜 조회만 되고 팔로우를 하지 않을까? 인스타그램은 팔로워를 유도해야 한다. 또한 내가 짱이라는 감성이 들어가야 한다.

나의 경우에는 두 채널보다 유튜브 팔로워는 현저히 낮지만 인스타그램은 더 높다. 그래서 나는 유튜브에 올린 영상

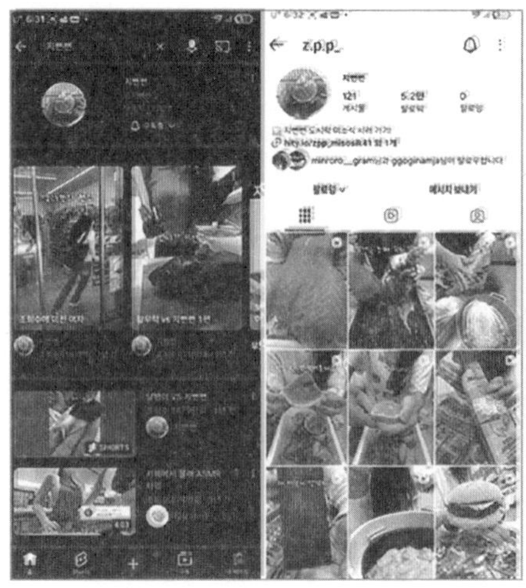 

지뻔뻔 유튜브, 인스타그램 　　　　제로비 유튜브, 인스타그램

을 인스타그램에 모두 올리지 않는다. 대부분 올리긴 하지만 절대 올리면 안 되겠다 싶은 것은 올리지 않거나 올렸다가 역시 조회수가 안 나오면 내리는 편이다.

이분들이 인스타그램만 집중했다면 당연히 나보다 훨씬 더 높은, 아니 최소 300만 이상의 팔로워를 모을 수 있을 거라 확신한다. 하지만 유튜브를 하는 이유는 뭘까? 사실 인스타그램보다 유튜브가 광고비 혹은 판매 전환이 훨씬 높고, 신뢰도가 높은 플랫폼이라서일 것이다. 내가 말하는 건 플랫폼마다 특성이 있다는 것이다. 그 특성을 잘 알아야 한다.

결국 사업에서 마케팅은 기술이 아니라 태도다. 사람들이 어떻게 들어오고, 어디서 멈추고, 왜 안심하고, 왜 문의를 하

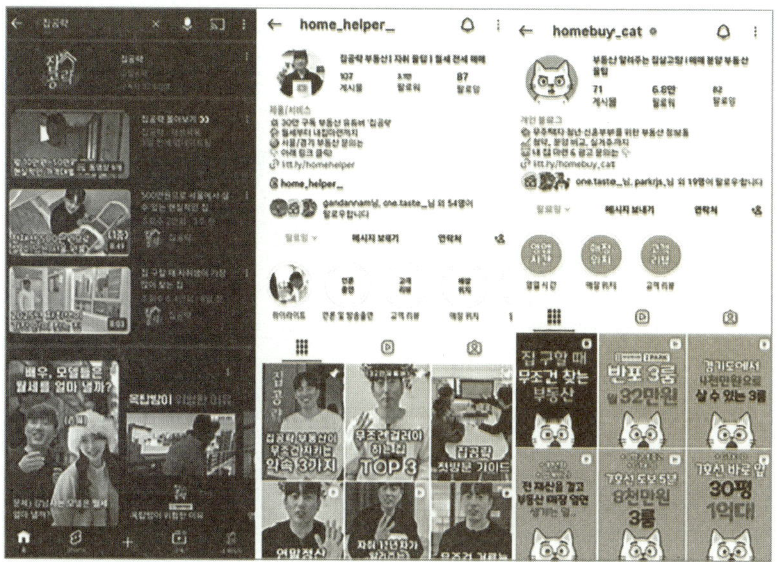

| 집공략 유튜브 | 집공략 인스타그램 | 사람이 한 번도 나오지 않는 인스타 계정 |

는지에 대한 집요한 관찰이다. 이걸 모르면 실력은 그냥 자기 위안으로 끝난다. 사업은 잘하는 사람이 이기는 게 아니라, 고객을 모으는 사람이 이긴다.

# 내가 분석한 플랫폼의 특성

- **유튜브**: 화면 전환이 많아야 하고, 병맛이 어느 정도 들어가야 하며, 편집이 과할 정도로 많아야 한다. 하지만 단순 심플하게 만들어야 한다.

- **인스타그램**: 유튜브보다 상대적으로 쉽지만 인스타그램에서는 "내가 짱이다" 등의 허세가 들어가거나 정보를 줘야 한다. 정보는 영상에서 주고 끝이 아니라 매니챗이라는 플랫폼을 사용해 "팔로우를 하고 댓글을 달면 정보를 주겠다"고 유도한다. 그러면 자연스럽게 팔로우하고 시청자가 댓글을 달면 자동으로 내가 저장해놓은 정보가 상대방 DM으로 간다.

# 사람은 절대
# 고쳐 쓰는 게 아니다

마케팅으로 고객을 끌어들였다면 이제 들어온 일을 처내줄 사람이 필요하다. 아무리 마케팅을 잘해서 고객을 데려와도, 현장에서 움직여줄 직원이 없다면 성과는 바로 증발해버리고 만다. 반대로 사람은 있는데 시스템이 없으면, 그 사람들 각자의 성향과 감정에 따라 회사는 하루에도 몇 번씩 흔들리게 될 것이다. 시스템은 그 모든 과정이 대표의 컨디션이나 기분, 특정 직원의 역량에 따라 요동치지 않도록 잡아주는 장치다. 이 셋 중 하나라도 빠지면 회사는 금방 균형을 잃는다.

회사를 실제로 굴려본 사람이라면 '가족 같은 관계', '따뜻

한 리더십'과 같은 신뢰와 배려, 존중 같은 것만으로는 조직이 절대 평안하게 굴러가지 않는다는 걸 너무나 잘 알 것이다. 물론 불가능하다고 생각하는 이 기준으로 회사를 잘 운영하는 대표님이 계실 수도 있다. 하지만 내 경험상 직원들을 감정이나 인정만으로 다루는 순간 반드시 문제가 생겼다.

나는 사람을 채용하면 길게 지켜보지 않는다. 일단 3일 정도 팀장을 통해 교육을 시키고 7일 정도 일하는 태도를 관찰하며 몇 가지를 테스트해본다. 일을 시켰을 때 반응 속도는 어떤지, 일을 시켰을 때 미루지는 않는지, 약속을 어떻게 여기는지, 지시에 대해 정확히 이해하고 행동하는지 등을 빠르게 파악하려고 한다. 그리고 내 기준에 미치지 못하면 바로 정리 수순을 밟는다. 잔인해 보일 수 있지만, 오히려 깔끔하고 솔직한 방식이라고 생각한다. 애매한 기대를 주지 않고, "조금만 더 해보자"라는 말로 내게도 직원에게도 아까운 시간을 굳이 끌지 않는다. 사람 하나 잘못 뽑아서 두세 달 끙끙 앓는 것보다, 초반에 약간 손해 보고 끝내는 게 훨씬 비용도 적게 든다. 이건 돈의 문제가 아니라 에너지의 문제다.

면접에서도 지원자가 일에 대한 대화를 더 나누기를 원하는지, 아니면 자신이 받게 될 휴가나 복지에 대한 부분부터 묻는지 주의 깊게 듣는다. 어떤 질문을 이어가는지를 보면 이 사람이 회사에 무엇을 기대하는지가 보인다. 면접 자리에서 복리후생이나 연월차에 대해 절대 묻지 말라는 건 아니다. 다만, 나의 경우에는 일보다 먼저 쉬는 이야기가 나오는 사람과는 속도가 맞지 않는 경우가 많았다. 대화를 하다 보면 그 사람이 가진 삶의 우선순위가 그대로 드러난다.

『돈의 속성』, 『사장학개론』을 쓴 김승호 회장도 사람을 판단하는 기준은 늘 사소한 데서 드러난다고 말했다. 그는 사람을 평가할 때 화려한 이력이나 말솜씨를 먼저 보지 않는다고 한다. 대신 아주 사소한 태도를 본다고 한다.

어느 날 김승호 회장이 주차를 하기 위해 어떤 건물에 들어갔는데, 주차요원이 아주 깎듯이 친절하게 안내를 해주었다고 한다. 당시 김승호 회장은 1층에 주차를 하고 싶어 주차요원에게 요청을 했는데 1층은 이미 만차였고, 표지판에도 쓰여있었다. 그 주차요원은 "당장은 만차여서 안 되지만 상황을 체크하고 다시 알려드리겠다"고 하며 "조금만 기다려주실 수 있느냐"고 물었단다. 김승호 회장은 기다리겠다고 하고 약 10분 정도 시간이 흘러 마침 자리가 나서 바로 안내를 받을 수 있었다고 한다. 김승호 회장은 주차요원의 태도에 '내가 김승호라는 사실을 알고 그랬나?' 하고 착각했지만, 다른 사람들에게도 동일하게 행동하는 모습을 보고 '저런 사람이 내 회사에 입사하면 딱 좋겠다' 하는 생각이 들었다고 한다. 일이야 가르치면 되는 것이고 이런 태도를 가지고 있는 사람이라면 분명히 회사의 좋은 인재로 성장할 수 있겠다고 생각한 것이다.

중요한 건 어느 자리에 있든 주어진 역할을 대하는 자세다. 일을 잘한다는 건 큰 결정을 잘하느냐보다 작은 약속을 계속 지키는 사람이냐는 질문에 더 가깝다. 김승호 회장은 "사람은 결국 행동으로 자신을 드러낸다"고 보고, 그 행동을 기준으로 판단한 것이다. 그래서 누군가를 오래 관찰할 필요도 없다. 사소한 일 하나를 던졌을 때, 그 사람이 어떻게 반응하는지만 봐도 충분하다. 사람을 바꾸려 들지 않고, 태도를 보고 판단하거나 기대를 높이지 않고, 기준을 분명히 세우면 사람에게 실망할 일도 줄어들고, 조직은 훨씬 단단해진다.

나 역시 교육은 할 수 있어도, 성품은 바꿀 수 없다는 걸 경험으로 배웠다. 그래서 안 맞으면 빠르게 정리한다. 그 결정을 미루면, 결국 조직 전체가 그 비용을 대신 치르게 된다. 이건 잔인함의 문제가 아니다. 대표가 결정을 미루는 순간, 직원들은 눈치를 보며 소모되고, 분위기는 흐려진다. 세상에서 제일 바꾸기 쉬운 건 언제나 본인 자신이지, 남이 아니다. 그래서 나는 이 책에서도 누군가를 바꿀 생각이 없다. "난 당신들을 바꿀 생각이 없어. 어차피 바뀔 사람만 바뀌거든. 아니면 말고. 대신 불평은 하지 마라" 딱 그 정도다. 나는 이렇게 살 거고, 그게 싫으면 각자 자기 방식대로 살면 된다.

냉정하게 말하면, 자기 자신 하나도 못 바꾸는 사람이 사업을 하겠다는 것 자체가 말이 안 된다. "이번엔 진짜 바뀌어야지"라는 말은 누구나 한다. 하지만 지각을 반복하고, 약속을 대수롭지 않게 넘기고, 하기 싫은 일은 미루면서 직원이나 파트너에게는 헌신과 성장을 요구해서는 안 된다. 자아가 생기는 3~4살짜리 아이도 고집이 있고 성향을 바꾸는 게 힘든데, 20살이 훌쩍 넘은 사람들이 당신 밑으로 들어왔다고 해서 말 힌마디에 바뀔 기라고 기대하는 건 착각이다. 겉으로는 고개를 끄덕일지 몰라도, 뒤에서는 결국 원래 하던 대로 산다.

그래서 나는 남을 바꾸려고 들기 전에, 먼저 나부터 바뀌었는지를 본다. 내가 시간을 어떻게 쓰는지, 약속을 어떻게 지키는지, 아랫사람을 어떤 태도로 대하는지, 그리고 더 이상 쓸모가 없다고 느껴질 때 그 사람을 어떻게 대하는지. 특히 나는 '필요 없으면 바로 사람을 버리는 유형'을 가장 경계한다. 그런 사람은 언젠가 당신도 똑같이 버린다. 관계라는 건 상황에 따라 달라지는 게 아니라, 평소의 태도가 쌓여 만들어지는 거다.

평판은 우연히 생기지 않는다. 누군가의 귀에 들어가고, 눈에 보이는 데에는 다 이유가 있다. 사람들 사이에서 남는 건 말이 아니라 태도다. 그래서 나는 남을 고치려 들기보다, 내가 어떤 사람으로 보이고 있는지를 먼저 점검하라고 말하고 싶다. 그게 바뀌지 않으면, 어떤 시스템을 만들고 어떤 마케팅을 해도 결국 사람 문제에서 다시 막히게 된다.

직원들에게 보상을 줄 때도 나는 월급을 쉽게 올리지 않는다. 대신 인센티브를 명확하게, 그리고 크게 준다. 월급은 시간이 지나면 당연한 권리가 되지만, 인센티브는 결과에 대한 보상이기 때문이다. 사람은 자신이 만들어낸 결과로 평가받아야 한다. 몸값은 주장하는 게 아니라, 반복해서 증명하는 것이다. 또 사람과 너무 가까워지면 일은 편해질 수 있지만 그 편안함이 선을 넘는 순간, 조직은 흐트러진다. 그래서 나는 일부러 직원들과 거리감을 유지한다. 정직원에게는 유연하게, 임원에게는 더 엄격하게 대한다. 조직에는 일정한 긴장감이 필요하다. 그 긴장감이 일을 굴러가게 만든다.

가끔 주변으로부터 "새로운 직원이나 팀원이 들어올 때마다 계속 알려주기 힘들지 않냐?"는 질문을 받는다. 이 부분도 시스템화를 시키면 된다. 구글 드라이브나 노션에 인수인계에 필요한 모든 걸 정리해 두는 것이다. 우리가 어떤 방식으로 일하는지, 함께할 때 지켜야 할 기준은 무엇인지, 업무는 어떤 순서로 진행되는지까지 전부 적어 놓는다. 심지어 내부에서 함께 일하는 팀원들과 외부 프리랜서들의 연락처, 협업 방식, 자주 생기는 질문까지도 빠짐없이 정리해 둔다. 글로 설명하기엔 너무 길어질 것 같고, 말로 설명해야 더 잘 전달되는 부분은 영상으로 남긴다. "이건 이렇게 하면 됩니다"라고 직접 보여주는 영상 하나가, 열 번 설명하는 것보다 훨씬 효과적이다.

물론 우리 회사와 똑같이 할 필요는 없고 회사의 특성과 자신의 입맛대로 만들면 된다. "나는 이런 거 못하는데…"라는 생각이 들 수도 있다. 괜찮다. 그럴 땐 혼자 끙끙대지 말고, 크몽이나 숨고 같은 플랫폼에 들어가 노션이나 구글 드라이브를 잘 다루는 전문가에게 맡기면 된다. 시간이 충분하다면 직접 공부하는 것도 좋지만, 당장 여유가 없다면 맡기는 게 훨씬 빠르고 효율적일 때도 많다. 옆에서 과정을 보며 배우는 것만으로도 충분한 공부가 된다.

사람은 중요하지만 사람에 기대어 굴러가는 회사는 오래 가지 않는다. 사람이 빠져도 돌아가는 구조 위에서만 사람이 비로소 힘을 발휘한다. 이게 내가 사람을 대하는 방식이고, 회사를 운영해 오며 얻은 결론이다.

# 사장이 바빠 죽겠다면
# 그건 사업이 아니라 '노가다'다

누구나 처음 사업을 시작할 때는 대부분 혼자다. 자본도 없고, 사람도 없고, 구조도 없기 때문에 초반에는 어쩔 수 없이 모든 걸 혼자서 하게 된다. 영업도 내가 하고, 기획도 내가 하고, 문제가 생기면 해결하는 것도 전부 내 몫이다. 이 단계에서는 시스템이랄 게 필요없다. 아니, 정확히 말하면 만들 여유가 없다. 몸으로 때우는 수밖에 없다. 그러다 거래가 많아지고, 연락이 쏟아지고, 사람까지 붙기 시작하면 예전처럼 '내가 다 하면 되지'라는 방식은 더 이상 통하지 않는다. 그때부터 사업은 노력의 문제가 아니라 구조의 문제가 된다. 사람이 늘어날수록, 일이 커질수록 대표 개인의 능력은 빠르게 한계에 부딪힌다. 이 지점에서 내가 중심이 되는 사업으로 남을 것인지, 아니면 내가 없어도 돌아가는 구조를 만들 것인지 결정해야 한다. 열심히는 하는데 회사가 더 이상 커지지 않는 이유는, 대부분 시스템을 만들지 않기 때문이다.

스노우폭스그룹을 8,000억 원에 매각해 엑시트를 한 김승호 회장도 여러 강연과 저서에서 강조하는 부분이다.

"사장이 매번 지시해야 움직이는 조직은 절대 커지지 않는다. 반대로 직원이 '이건 이렇게 하는 게 맞습니다'라고 말할 수 있는 구조를 만들면, 사장은 더 이상 일하는 사람이 아니라 판을 키우는 사람이 된다. 그 순간부터 사업의 성장 속도가 달라진다."

누구 한 명이 빠져도 결과가 흔들리지 않도록 기준을 세우고, 방식과 순서를 정리하고, 판단을 시스템 안으로 넣어야 한다는 것이다. 사장이 없어도 같은 품질이 나오고, 같은 선택이 반복되기 시작할 때, 그제야 사업이 커질 준비가 된다. 처음에는 혼자 버텨도 되지만, 그 방식을 끝까지 붙잡고 있으면 사업은 절대 커지지 않는다. 사업이 커지는 시점은, 사장이 더 열심히 일할 때가 아니라 사장이 빠져도 일이 돌아가기 시작할 때다.

현재 20여 명 정도가 근무하는 우리 회사도 처음에는 직원이 들어올 때마다 내가 교육하고 하나하나 알려주었다. 그러다 팀장이 생기면서 점차 직원 교육과 일을 위임했다. 교육 자료를 전부 영상으로 만들어 직원이 들어오면 따로 불러 앉혀서 길게 설명하지 않는다. "이 영상 세 개 보고 와!" 그걸로 끝이다. 말하는 사람의 컨디션에 따라 내용이 달라질 일도 없고, 누가 가르치느냐에 따라 기준이 흔들릴 일도 없다. 시험 문제까지 만들어서 점수로 확인하고, 통과하면 현장에 투입한다. 안 되면 재시험을 본다.

회사 안에서 어디까지는 되고 어디부터는 안 되는지, 손님을 대할 때의 태도나 응대의 기준, 특정 상황에서는 무엇을 해주고 어디서 멈춰야 하는지까지 모두 정해져 있다. 예를 들어, 손님이 오면 음료를 몇 개 가져와야 하는지까지도 정해 놓았다. 과하다 싶을 정도로 챙기라고 지시했다. 내가 혹시 늦어지더라도, 손님이 기다리는 그 시간만큼은 '환대받고 있다'는 느낌을 들게 하기 위해서다. 이런 사소해 보이는 것까지 정해두는 이유는, 현장에서 사람의 판단에 맡겨두는 순간 기준이 흐려지기 때문이다. 그래서 분위기나 개인의 센스 문제로 놔두지 않고 일종의 회사 내부 규칙으로 정해놓은 것이다. 사장이 자리에 있든 없든, 직원의 기분이 좋든 나쁘든 그대로 적용된다. 이것이 시스템이다. 시스템이라는 걸 대단하게 생각하는 사람들이 많지만, 막상 해보면 별거 아니다. 시스템의 본질은 사람을 덜 쓰기 위한 장치다. 대표가 덜 말하고, 덜 화내고, 덜 개입하기 위해 만드는 구조다.

내가 아는 한 형이 있는데, 그 형은 혼자서 월 1억을 벌었다. 기사도 없이 직접 운전하고, 차에서 자고, 하루 종일 미팅만 했다. 돈은 벌지 몰라도 항상 시간이 없었다.

"형, 이건 잘 버는 게 아니라 잘 갈리는 거예요."

"지금은 내가 해야 돼. 다른 사람 믿으면 사고 나. 이건 내가 제일 잘 아니까. 내가 해야 해."

"형, 그러지 말고 더 갈려나가기 전에 사람도 두고 시스템도 만들어요. 내가 도와줄게요. 당분간 수입은 반토막 나겠지만 대신 형 인생이 늘어나요."

위임을 하면 처음엔 수입이 줄어드는 것처럼 느낄 수 있다. 아니, 실제로 줄어든다. 근데 사람을 더 뽑고, 구조를 만들면 회사는 결국 이전보다 더 커지고 수익도 다시 늘어난다. 이걸 한 번이라도 경험해보면 그 순간부터 사장의 역할이 무엇인지 알 수 있게 된다. 더 이상 현장에서 뛰는 사람이 아니라, 큰 그림을 보는 사람이 되는 것이다. 사장이 계속 영업하고, 컴퓨터 앞에 앉아 있고, 물건 나르고 있으면 성실한 직원이지 대표가 아니다. 대표가 해야 할 일은 사람을 만나고, 정보를 모으고, 구조를 만들고 수정하는 일이다.

보험을 하는 친구에게도 비슷한 이야기를 했다. 고객 입장에서 보험은 돈만 나가고, 당장 체감이 안 되는 상품이다. 그리고 설계사들이 상품에 대해 깊게 공부하지 않아서인지 포장하고, 숨기고, 돌려 말하는 경향이 크다. 가입할 때는 거의 모든 상황에서 보장이 되는 것처럼 부풀려 말하지만, 정작 사고가 나거나 병에 걸려서 보험금을 청구하려고 하면 보상금을 받기가 굉장히 까다롭다. 이 병이(또는 사고가) 언제 시작됐는지, 기존 병력은 없었는지, 고지 의무를 어긴 건 아닌지, 약관의 어느 조항에 해당하는지까지 전부 고객이 스스로 증명해야 한다. 가입할 때는 보험사가 적극적이었는데, 보상 단계에서는 고객이 스스로 변호사가 되어야 한다. 바로 이 과정에서 사람들은 배신감을 느끼는 것이다. 고객은 불확실한 미래에 대비하기 위해 돈을 내는데, 그 불확실성이 현실이 되는 순간조차 또 다른 불확실성과 싸워야 한다. 보험이 나쁜 상품이라서가 아니라, 설계와 판매 단계에서 설계사가 하는 설명과 보상 단계의 현실 사이에 큰 간극이 발생하기 때문에 사람들이 보험과 설계사에 대해 나쁜 인식을 자꾸만 쌓아가게 되는 것이다. 그래서 나는 친구에게 기존 설계사들과 반대로 하라고 했다.

"이 보험은 이래저래 해서 좋으니까 무조건 드세요."

"이건 이러저러한 위험이 있으니 절대 들지 마세요."

얼굴을 드러내고, 상품에 대한 장단점을 솔직하게 말하는 것이다. 당장 단기 매출은 크지 않겠지만 긍정적인 이미지가 쌓여 고객이 지속적으로 찾아오는 구조가 만들어질 수 있다. 한 사람에게 크게 파는 대신, 많은 사람이 찾아오게 하는 것이다. 설계사 본인이 가진 기준을 말하고, 판단을 대신해주면 사람은 믿고 맡긴다.

사업이 커지지 않는 가장 흔한 이유는 사장이 게을러서가 아니라 오히려 너무 바쁘기 때문이다. 대표가 하루 종일 영업하고, 전화 받고, 현장에 붙어 있으면 회사는 그 사람의 시간만큼에서 멈춘다. 그래서 순서가 중요하다. 마케팅으로 사람이 몰리기 시작하면 그때 사람을 붙이고, 사람이 늘어나면 그제야 시스템이 필요해진다. 이 순서를 거꾸로 하면 모든 게 어긋난다. 시스템부터 만들면 쓸 일이 없고, 사람부터 뽑으면 관리 지옥이 열린다. 마케팅으로 흐름을 만들고, 사람으로 채우고, 시스템으로 고정시키는 순간부터 사업은 더 이상 '일'이 아니라 구조가 된다. 그리고 그때부터 비로소 회사는 대표의 체력을 벗어나기 시작한다.

# 단어 하나만 바꿔도
# 매출의 '0'이 달라진다

우리가 매일 같이 클릭해 들여다보는 유튜브나 뉴스 기사의 제목을 유심히 관찰한 적이 있는가? 사람들은 내용보다 제목이나 섬네일에 쓰인 몇 가지의 단어들에 반응한다. 그래서 마케팅에서 중요한 건 '무엇을 말하느냐'보다, '어떤 단어로 말하느냐'다. 같은 내용이라도 단어 하나만 바꿔주면 시장의 반응은 완전히 달라진다.

예를 들어서, 한 삼겹살 가게에 이런 문구가 붙어 있다고 치자.

"저희 집 고기는 지방이 20%입니다."

삼겹살에는 지방이 어느 정도 비율로 있어야 구웠을 때 고

소하고 맛이 있다. 20% 정도면 과하지도 부족하지도 않은 꽤 적절한 비율이다. 하지만 왠지 '지방'이라는 단어가 머리에 꽂힌다. 그런데 문구를 이렇게 바꾸면 어떨까.

"저희 집 고기는 살코기가 80%입니다."

어떤가? 사실 같은 이야기인데 손님의 받아들이는 인식은 완전히 달라진다. 살코기가 80%나 된다니 왠지 더 좋은 고기를 먹는 것 같은 기분이 든다. 기본적으로 사람들은 고기에 지방이 너무 많으면 돈 날렸다는 생각을 하고, 여성의 경우 지방이 많은 고기를 먹는 것은 부담스럽다고 생각한다. 그런데 80%가 살코기라고 하니 지방 걱정도 덜 수 있고 훨씬 값어치 있는 음식을 먹는 것 같아진다.

사람들은 생각보다 정보를 객관적으로 받아들이지 않는다. 먼저 느끼고, 그다음에 판단한다. '지방'이라는 단어는 손실과 부담을 떠올리게 하고, '살코기'라는 단어는 이득과 만족을 상상하게 만든다. 같은 사실이라도 어떤 단어로 전달하느냐에 따라 가치가 달라지는 것이다.

이번 글에서는 이처럼 내 사업에 당장 써먹을 수 있는 제목 짓는 법에 대해 여러 유형을 예로 들어 설명해보려 한다.

첫 번째, 일반인의 상식을 파괴하라.

당신은 '건물주'라는 단어를 들으면 어떤 이미지가 떠오르는가. 대부분 돈이 많고, 여유롭고, 매일 골프나 치러 다니는 사람을 상상할 것이다. 그런데 '가난한 건물주'라는 단어는 어떤가?

"가난한데 건물주? 건물주인데 왜 가난하지? 아니, 애초에 가난하면 건물주가 될 수 없잖아."

단어를 보자마자 머릿속에 질문이 떠다니고 어째서 건물주가 가난해진 건지 궁금해진다. 뜨거운 얼음, 차가운 불처럼 서로 어울리지 않을 것 같은 단어를 붙였을 때 사람은 본능석으로 구미가 낭긴다.

'서울대 나왔지만 사업이 망한 이유.'
'하버드 졸업 후 빚 10억이 생긴 사연.'

이런 제목도 마찬가지다. '하버드', '서울대' 같은 단어를 보면 사람들은 똑똑함, 지능이 높음, 성공, 성실함 등을 자동으로 연상한다. 하지만 사람들이 믿는 상식을 뒤집는 순간, 관심은 폭발한다. 마케팅에서 이런 반전 구조는 꽤 강력하게 작동한다.

두 번째, 추상화를 구체화하라.

'부자가 되는 법.'
'성공하는 법.'

'공부 잘하는 법.'
'다이어트에 효과가 좋은 약.'

흥미롭긴 하지만 뭔가 애매하다. 어느 정도의 부자인지, 어느 정도의 성공인지, 어느 정도로 공부를 잘하는지, 얼마나 효과가 있는 건지 모호하다. '부자, 성공, 잘 사는 방법, 대박, 최고의 선택' 같은 말들은 듣기엔 좋아 보이지만, 머릿속에 그림이 명확히 그려지지 않는다. 이럴 때는 구체적인 숫자와 상황을 붙여주면 더 직관적으로 사람들이 반응한다. 예를 들면 다음과 같이 말이다.

'부자가 돈 버는 방법'이 아니라 '순자산 50억을 가진 사람이 돈을 굴리는 방식.'
'공부 잘하는 방법'이 아니라 '하루 3시간 공부하고 서울대 간 방법.'
'살 잘 빼는 방법'이 아니라 '알약 하나로 한 달 만에 20kg 감량한 여자.'

숫자와 상황이 들어가는 순간, 이야기는 현실이 된다. 이 원리는 모든 콘텐츠와 사업에 그대로 적용할 수 있다. '글 잘 쓰는 법'이 아니라 '블로그 글쓰기 하나로 월 1,000만 원 버는 법', '사업 잘하는 법'이 아니라 '200건의 컨설팅을 하며 깨달은, 반드시 망하는 업종 5가지' 이렇게 바꾸면 추상적이 었던 제목이 눈길을 확 잡아끈다.

세 번째, 금지와 위협을 활용하라.

사람은 얻는 것보다 잃는 것을 훨씬 더 두려워한다. 도박 에서도 이겼을 때보다 졌을 때의 감정이 훨씬 크게 남는 것 처럼 이건 성향의 문제가 아니라 행동경제학에서도 확인된 인간의 기본적인 심리 구조다. 무언가를 하라고 권유하는 대 신, 하지 말라고 말하는 순간 사람은 "왜 안 된다는 거지?", "내가 지금 놓치고 있는 게 있나?" 생각하게 된다.

'이게 없으면 절대 하지 마세요.'
'강의 100개 듣고 말하는 반드시 걸러야 할 강사 유형.'
'망하고 싶으면 클릭하지 마세요.'
'가난한 사람들이 99% 책을 안 읽는 이유.'

'금지'와 '위협'을 활용해 제목을 짓는 건 사람의 마음을 약 간 불편하게 만드는 심리를 이용하는 것인데, "이렇게 하면 잘됩니다"보다 "이렇게 하면 반드시 망합니다"가 더 강하게 꽂히는 이유다. 다만, 이 방식을 이용할 때는 분명한 선이 있 다. '이 글 안 보면 거지 됩니다', '대학 못 나왔으면 클릭하지 마세요', '가난한 것은 죄입니다'처럼 방향을 잘못 잡으면 반감을 사게 될 수 있다. 중요한 건 상대를 깎아내리는 게 아니라, 이미 마음속에 존재하던 불편한 진실을 정확하게 건드리는 것이다. 그래서 '가난한 것은 죄입니다' 같은 문장은 논란이 되면서도 기억에 남는다. 이 문장이 강한 이유는 사람을 모욕해서가 아니라, 많은 사람들이 애써 외면해왔던 감정을 정면으로 긁기 때문이다. 듣기 싫지만, 완전히 틀렸다고 말하기도 어렵다. 그 지점에서 사람은 불편함과 동시에 집중하게 되는 것이다.

네 번째, 권위자의 언어를 빌려라.

사람들은 정보 그 자체보다 "누가 말했느냐"에 훨씬 더 크게 반응한다. 같은 내용이라도 출처가 달라지면 신뢰도의 무게감이 완전히 달라진다. 그래서 '집 잘 구하는 방법'보다는 '계약 2,000건 넘게 한 중개인이 말하는 집 고르는 기준'이 훨씬 설득력 있다. 정보가 아니라 경험의 총량을 앞에 세우는 방식이기 때문이다. '자취 잘하는 법' 대신 '21만 자취 유튜버가 말하는 절대 하면 안 되는 자취 습관', '500명의 우울증 환자를 진료한 정신과 의사가 말하는 절대 하면 안 되는 위로', '이혼 상담 1,000건 넘게 한 상담사가 말하는 부부의 이혼 전조 증상' 등 그 사람이 수많은 시행착오와 피드백을 거쳐 여기까지 왔을 거라고 자연스럽게 가정하게 만드는 제목이 인기가 있다. 여기에 '생활의 달인 출연', '방송에서 검증된', '전문가로 출연한' 같은 방송 이력은 권위를 한 단계 더 끌어올리는 효과를 준다. 숫자, 기간, 결과처럼 구체적인 이력이 있을 때 권위는 힘을 가진다. 몇 년을 했는지, 얼마나 많은 사람을 만났는지, 어떤 결과를 만들어냈는지를 전면에 두는 순간, 더 이상의 설득은 무의미해진다. 사람들은 더 이상 고민하지 않고 "이 사람이 말한다면 들어볼 만하다"고 당연하게 판단한다.

마지막은 앞서 말한 네 가지 요소(권위, 숫자, 금지, 구체성)를 한 문장 안에 묶는 것이다. 이 네 가지가 결합되는 순간 제목은 정보를 전달하는 문장을 넘어, 독자의 행동을 유도하는 설득의 장치로 바뀐다. 사람들은 더 이상 "알고 싶어서" 클릭하지 않는다. "놓치면 손해 볼 것 같아서", "이건 내가 판단하지 않아도 되겠다는 안도감 때문에" 클릭하게 된다.

예를 들어 '부동산 투자 방법'이라는 제목은 아무런 힘이 없다. 하지만 이렇게 바꾸면 전혀 다른 반응이 나온다.

**'100건 넘게 낙찰받은 경매 고수가 말하는, 경매 초보자가 가장 많이 하는 실수 3가지.'**

여기에는 네 가지 요소가 모두 들어 있다. 100건이라는 숫자가 신뢰를 만들고, 경매 고수라는 권위가 판단의 책임을 대신 진다. '가장 많이 하는 실수'라는 표현이 긴장을 만들고, '3가지'라는 구체성이 독자의 머릿속에 즉시 그림을 그리게 한다.

같은 내용이라도 어떤 단어를 고르느냐에 따라 시장의 반응은 완전히 달라진다. 그래서 글을 쓸 때마다 '이 문장은 정보를 주고 있는가, 아니면 행동을 부르고 있는가'를 생각하고, 추상적인 말로 안전하게 가기보다는 누군가의 마음을 살짝 불편하게 만들 만큼 정확하게 정곡을 찌를 줄 알아야 한다. 사람들은 친절한 문장보다 자기 얘기처럼 느껴지는 문장에 크게 반응한다. 마케팅은 기술이 아니라 선택이다. 모두에게 좋은 말은 아무에게도 닿지 않는다. 정확한 단어 하나가 애매한 문장 10개보다 훨씬 강하다.

# 번아웃은 배부른 소리다,
# 위기를 자초해서라도 움직여라

사업을 하면서 무기력이나 번아웃이 찾아오는 것은 열심히 하지 않아서가 아니라 보통은 열심히 했는데도 불구하고 방향이 보이지 않을 때인 것 같다. 내가 아는 한 대표님은 10년 동안 사업을 하고 있는데, 최근 2~3년 정도 정체를 겪으셨다고 한다.

"코로나 지나고 나서 애정했던 직원이 퇴사하고, 자꾸만 문제를 일으키는 직원은 해고했는데, 해고한 직원이 못 나가겠다고 버텨서 두 달 정도 고생했어요. 노무사를 섭외해서 어찌어찌 한 달 치 급여를 추가 지급하고 정리했는데 자신이 지금까지 일했던 컴퓨터의 자료들을 다 지워버리고 나가더라고요. 하나 남아 있던 직원까지 1년이 딱 채워지자마자 퇴직금 챙겨서 나갔어요. 사실 마지막 직원은 정말 시키는 일만 기계처럼 해왔던 사람이라 그러려니 했죠. 다 나가고 나니 그동안 정신적으로 너무 힘들었는지 저한테 공황장애와 우울증이 찾아왔어요. 그 후로 여기서 사업을 접을까 수천 번 고민했고, 2~3년은 그냥 정신과 다니며 멍하니 지냈던 것 같아요. 이제 좀 정신을 차릴 수 있게 되어서 다시 마음 잡고 일하려고요.”

이 대표님처럼 내가 더 이상 할 게 없다고 느낄 때 혹은 내 능력의 끝이 여기쯤이라는 감각이 들이닥칠 때 무기력을 느끼게 된다. “아, 이게 내 한계인가?”라는 질문이 반복되면 자연스럽게 무기력으로 바뀐다.

나 역시 그랬다. 재작년 한 해, 꽤 큰돈을 벌던 시기가 있었다. 돈이 부족하지 않았고, 사고 싶은 건 다 샀다. 백화점 VIP가 되고, 술자리는 잦아졌고, 유튜브 영상 촬영도 점점 귀찮아졌다. 겉으로 보면 잘나가는 시기였지만, 이상하게도 그때 난생처음으로 강한 번아웃이 왔다. 더 발전할 게 없을 것 같다는 느낌, 이 이상은 없다는 감각이 나를 무기력하게 만들었다. 그래서 내가 제안하는 무기력, 번아웃을 이기는 방법은 두 가지다.

첫 번째는 솔직히 말하면 별로 추천하고 싶지는 않지만,

현실적으로 가장 강력한 방법인데, 다시 아무것도 없던 상태로 돌아가 불편해지는 것이다. 사람은 편해지는 순간 생각을 멈춘다.

통장에 돈이 어느 정도 쌓여 있고, 당장 이번 달을 걱정하지 않아도 되는 상태가 되면 집중력이 급격히 떨어진다. 오늘 조금 덜 일해도 괜찮고, 이번 달은 대충 넘어가도 큰일은 생기지 않는다는 여유가 생기면 긴장감이 사라지고, 긴장감이 사라지면 에너지도 함께 꺼진다.

반대로 돈이 줄어들기 시작하면 상황이 달라진다. 매출이 눈에 띄게 빠지고, 고정비가 머릿속에서 계산되기 시작하고, '이러다 진짜 위험하겠는데?'라는 생각이 들면 몸이 먼저 반응한다. 아침에 일어나기 싫다는 감정조차 사라지고, 해야 할 일부터 떠오른다. 별로 하고 싶지 않았던 일도 '반드시 해야 하는 일'로 바뀐다. 이건 의지의 문제가 아니라 생존 본능이다. 그래서 불편함은 생각보다 강력한 동기부여가 된다. 안락한 상태에서는 아무리 자기계발서를 읽고 다짐을 해도 행동이 잘 나오지 않는다. 하지만 위기 앞에서는 설명도, 설득도 필요 없다. 집중력이 자동으로 올라가고, 쓸데없는 고민이 사라진다. 위기 상황을 일부러 만들 필요는 없지만 이미 무기력에 빠져 있다면, 지금 내가 너무 편한 상태에 있는 건 아닌지 돌아볼 필요는 있다.

두 번째는 지금 하고 있는 일과 연결되거나 혹은 전혀 다른 방향의 새로운 파이프라인을 만드는 것이다. 같은 일을 계속 반복하면 누구나 지친다. 그래서 나는 번아웃이 올 때마다 일부러 다른 일을 해본다. 새로운 사업을 기웃거리기도 하고, 전혀 다른 분야에 발을 담가보기도 한다. 그 과정에서 "아, 이건 아니구나" 하고 다시 돌아올 수도 있고, 반대로 "이게 더 맞는데?" 하며 방향이 바뀌기도 한다. 중요한 건 가만히 있지 않는 것이다.

번아웃이 왔다고 그 자리에서 멈춰버리면 그 상태는 더 깊어진다. 반대로 움직이면, 설령 엉뚱한 방향으로 가는 것 같아 보여도 결국은 다시 길이 보인다. 나 역시 매출이 떨어지고, 일이 잘 풀리지 않던 시기에 휴대폰 매장을 열어 전혀 다른 자극을 받았다. "이거, 생각보다 재미있는데?"라는 감각이 다시 나를 살아 움직이게 만들었다. 숫자가 바로 보이고, 손님의 반응이 즉각적으로 돌아오고, 결과가 눈앞에서 바뀌는 것을 보면서 "아, 나한테 이런 자극이 필요했구나"라는 걸 알게 됐다.

만약 내 주변에 사업하는 동생이 와서 "형, 저 번아웃 온 것 같아요. 아무리 해도 안 풀려요"라고 말한다면, 나는 이렇게 말할 것이다.

"네가 진짜 할 만큼 다 해봤다면, 안 될 수도 있다. 그럼 다른 것도 한번 해봐."

사업을 하는 사람이라면 매출이 조금 줄더라도, 직원이 있다면 어느 정도 위임을 하고 새로운 시도를 해볼 수 있다. 잠깐 발을 담그는 것만으로도 머리가 다시 돌아가기 시작한다. 이 책을 읽는 당신이 직장인이라면 생계는 유지해야 하니까 당장 회사를 그만두라고 말할 수는 없다. 대신 학원이나 모임에 나가볼 것을 추천한다. 영어 회화든, 영상 편집이든, 독서 모임이든 상관없다. 중요한 건 '회사 밖의 나'를 하나 만들어두는 것이다. 웃고 떠들 수 있는 공간 혹은 배우고 성장하는 자리가 있으면 사람은 버틴다. 그게 직장을 계속 다니게 만드는 힘이 되기도 한다.

나는 번아웃이나 무기력을 극복하는 방법으로 흔히 제안되는 이불 개기, 명상, 커피 마시기, 산책 같은 것들도 다 해봤다. 솔직히 나에게는 그런 것들이 잘 맞지 않았다. 대신 나를 다시 일어서게 하는 건 늘 '움직임'이었다. 새로운 걸 배우고, 다른 일을 해보고, 다른 사람을 만나면 다시 에너지가 생겼다.

결국 번아웃은 멈춰서 생기는 병이라서 해결책도 단순하다. 방향이 조금 틀어져도 계속 움직이는 것이다. 그러면 다시 원래의 자리로 돌아올 수도 있고, 더 좋은 길로 갈 수도 있다. 중요한 건 가만히 앉아 있는 시간이 길어지지 않게 만드는 것이다. 무기력은 생각이 많아질 때 더욱 커지고, 행동이 시작되는 순간 작아진다. 그러니까 일단 움직여라. 완벽하지 않아도 된다. 움직이면, 다시 길은 열린다.

# 자기애가 강한 사장은 100% 망한다

"내가 널 어떻게 키웠는데 이제와서 네가 나한테 이럴 수 있어?"

자식 망치기 딱 좋은 말이다. 보통 이런 멘트는 부모가 정서적, 물질적으로 자녀에게 투자한 것이 많은데 자식이 부모가 기대한 대로 따라주지 않을 때 단골로 등장한다. 서운함의 표현이라고는 하지만 사랑이나 돌봄을 조건 없는 헌신으로 여기지 않고 언젠가 보상받을 수 있는 투자로 여기는 것처럼 들려서 사실 듣기 좋은 말은 아닌 것 같다. 이 말에는 자녀의 선택과 결정을 인정하기보다 부모 자신의 노력을 인정받고 싶은 욕구가 더 강하게 숨어있다. "내가 너를 위해 이만큼이나 희생했는데 왜 내 기대를 충족시켜 주지 않아?"라는 말과 같다. 이게 바로 내가 말하는 자기애다.

"내가 밤새워서 만들었는데 고객 반응이 왜 이래?"

"우리 회사에서 이만큼이나 널 키워줬는데 감히 그만둬?"

"이 업계에서 내가 얼마나 노력하면서 버텼는데 이런 대우를 받아야 해?"

"내가 한시라도 자리를 비우면 회사가 돌아가지를 않는다니까."

이처럼 사업에서도 자기애가 발동하는 순간 말아먹는다. 열심히 했고, 시간을 쏟았고, 몸을 갈아 넣었으니 인정받고 싶은 건 인간으로서 너무 당연하지만 시장에서는 그 당연함이 절대 통하지 않는다.

예를 들어, 누군가가 하루에 18시간씩 반년을 매달려 볼펜 하나를 만들었다고 하자. 연구·개발하는 동안 잠도 잘 못 자서 몸도 상했다. 그렇게 완성한 제품을 시장에 내놓았는데 10명밖에 사지 않는다. 이때 던져야 할 질문은 "내가 이렇게 고생해서 만들었는데 왜 반응이 없지?"가 아니라 "어떤 문제 때문에 팔리지 않는 걸까?"다. 이 질문에는 문제를 해결하려는 의도와 태도가 담겨 있기 때문이다. 첫 번째 질문은 감정 섞인 어린아이 투정에 불과하다. 시장은 당신이 얼마나 열심히 노력했는지에는 전혀 관심이 없다.

돈가스집을 하는 사장이 오전 11시에 출근해 밤 11시까지 장사를 하고, 집에 가서 새벽까지 고기를 두드리며 장사를 준비했다고 치자. 하루에 네다섯 시간밖에 못 자고 일했다고 해도 손님이 보는 건 맛 하나다. 맛이 없으면 그 이유가 무엇이든 맛이 없는 것이고 다시 방문할 이유가 없는 것이다. 만든 사람이 얼마나 고생했는지는 손님의 재방문 판단 기준에 전혀 들어가지 않는다.

고객은 좋으면 사고, 싫으년 안 산다. 그런데 자기애가 상해질수록 이 단순한 원칙을 받아들이지 못한다. 직원들이 나를 싫어할까 봐 필요한 결정을 미루고, 강하게 말해야 할 순간에도 감정을 먼저 생각한다. "이렇게 하면 직원들이 서운해하지 않을까?", "내가 이렇게 해줬는데 왜 따라주지 않지?" 이런 생각들이 쌓일수록 사업은 점점 내리막으로 향한다.

사업이 빠르게 성장하려면 감정보다 이성이 앞서야 한다. 실제로 전 세계의 젊은 부자들을 보면, 감정에 흔들려 판단하는 사람은 거의 없다. 주로 MBTI에서 T 성향의 사람들이다. 기분이 상해도 숫자가 맞으면 진행하고, 애정이 있어도 구조가 안 맞으면 정리한다. 직원이 미워서 자르는 게 아니라 역할이 맞지 않아서 자르고, 사업 아이템이 싫어서 접는 게 아니라 수익 구조가 안 맞아서 접는 것이다.

내가 20대 초반에 사주를 보러 간 적이 있는데, 역술가가 "역마살이 껴서 지금부터 3년은 돈을 못 번다"고 했다. 게다가 그때는 내가 사업을 시작한 지 얼마 되지 않았을 때였다. 그런데 그 시기에 오히려 가장 많은 돈을 벌었다. 만약 그 말이 사실이라 해도 방법을 바꾸면 된다고 생각했다. 역술가의 말이 100% 맞다는 보장도 없는데 이제 시작한 사업을 그 한마디에 접을 수는 없었다. 이후 정말 힘든 시기가 왔을 때도 '안 좋은 사주 때문이 아니라 내 선택과 판단의 결과'라고 생각하며 받아들였다. 결국 사업은 운이 아니라 연속한 결정의 결과일 뿐이라는 걸 그때 알게 됐다.

가장 크게 배운 순간은 동업하던 직원들이 한꺼번에 나갔을 때였다. 그때 나는 속으로 이런 생각을 했다.

"내가 다 키워놨는데, 감히 나가?"

지금 돌아보면 나도 자기애가 충만해 있었다. 그들은 배신한 게 아니라, 자기 인생을 선택한 것뿐이었다. 인연이 다한 것을 붙잡느라 에너지를 쓰기보다 남아 있는 것과 새로 만들 수 있는 것에 집중하는 것이 더 긍정적인 방향이다. 그걸 내 개인적인 상처로 받아들이는 순간, 문제 해결보다 감정 소모에 빠져서 더 힘들다. 연애를 하다가 이별할 때도 처음에는 이유를 찾고, 나를 탓하고, 매달리게 되지만 시간이 지나면서 '할 만큼 했으면 놓는 게 맞다'는 걸 알게 되듯이 일도 마

찬가지다. 자기애를 내려놓고 상품이나 결과로 평가받을 때
야말로 진정한 사업가라 할 수 있을 것이다.

# 5장

# 증식

## 0원짜리 통장에
## '0'을 채우는 기술

# 월 1,000만 원,
# 가난의 '0'을 부의 '0'으로 바꾸는
# 첫 번째 숫자

"아, 나도 이 정도는 벌 수 있는 사람이구나."

나는 비교적 어릴 때 큰돈을 벌었다. 갖고 싶었던 것들, 먹고 싶은 거, 가고 싶었던 곳들 뭐든 할 수 있었다. 세상이 내 것이 된 것 같았고, 평생 이렇게 살 수 있을 줄 알았다. 30대가 넘어 월 1억을 달성하고 올해 100억을 목표로 하고 있는 지금에 와서 돌아보면, 월 1,000만 원을 벌던 20대에 내가 느낀 감정이 훨씬 오래 기억에 남고 강렬했던 것 같다.

가끔 사람들이 한 달에 1,000만 원 벌고, 1억을 벌면 뭐가 바뀌냐고 묻는다. 하지만 크게 바뀌는 건 없다. 일상은 매일 똑같이 굴러가고, 아침에 눈을 뜨는 시간도, 해야 할 일의 종

류도 크게 달라지지 않는다. 물론 소비는 조금 늘어날 수 있지만 크게 볼 때 특별히 변하는 건 없는 것 같다.

1,000만 원에서 2,000만 원으로 올라가면 '음, 찍었네' 하고 담담해지는데 월 5,000만 원쯤이 되면 '나 꽤 잘하잖아?'라는 자만심이 고개를 드는 동시에 '여기서 자만하면 바로 밀린다'는 겸손의 자각도 함께 온다. 나는 그때쯤 주변 사람들에게 이야기를 많이 하게 되었던 것 같다. 자랑이라기보다는 이게 현실이라는 걸 확인받고 싶은 마음에 가까웠달까. 그러다 순수익으로 월 1억을 달성했을 때는 또 다른 미묘한 감정이 생겼다. 찍기 전에는 '도대체 어떤 기분일까?' 궁금했지만 막상 찍고 나니 생각보다 담담했다. 돈을 많이 벌어서 기쁘다기보다는 '이걸 유지할 수 있을까? 다음 달에 이거보다 못 벌면 어떡하지?' 하는 불안과 압박이 더 커졌다. 사람은 같은 크기의 이익보다 손실을 경험했을 때 훨씬 더 큰 심리적 고통을 느낀다. 예를 들어, 300만 원을 벌던 사람이 600만 원을 벌면 행복함을 느끼지만, 월 1,000만 원 벌던 사람이 700만 원을 벌면 극심한 불안을 느끼는 것이다. 그리고 또 다른 한편으로는 일을 더 잘 하고 싶다는 욕망도 함께 올라온다.

요즘 유튜브만 열면 'AI로 월 1,000만 원 버는 법', '블로그에 글 써서 1,000만 원 버는 법', '유튜브 쇼츠로만 월 1,000

만 원 벌기'라는 제목을 흔하게 볼 수 있다. 왜 하필 300만 원도 아니고, 500만 원도 아니고, 1,000만 원일까?

1,000만 원이라는 숫자는 어느 정도 상징성이 있는 것 같다. 아무 데서나 "월 천 월 천" 하니까 누구나 벌 수 있을 것 같지만 솔직히 한 달에 1,000만 원 버는 건 쉬운 일이 아니다. 일반인이 한 달에 벌어들이는 수입치고는 꽤 높지만, 그래도 잘하면 벌 수도 있겠다는 생각이 드는 마지노선 같다는 생각이 든다. 그리고 진짜 인생이 바뀔 것 같은 특별한 숫자인 건 맞다. 단발성으로 한두 번 1,000만 원을 벌면 이벤트처럼 느껴지지만 6개월 이상 꾸준히 유지하거나 그보다 성장하고 나면 삶의 일부가 되어버려서 숫자에 덜 민감해지고 그때부터는 장기적으로 어떻게 나아갈지 고민하고 판단하기 시작하는 것 같다. 따라서 월 1,000만 원이라는 돈은 인생이 바뀐다기보다는 시야를 바꿔주는 금액이 아닌가 싶다.

또 돈이 어느 정도 생기면 곁에 있는 사람도 달라진다. 정확히 말하면 관계가 달라지는 것이다. 흔히 인간관계에서 기브 앤 테이크 이야기를 많이 하는데, 실제로는 테이커가 훨씬 많다. 예전에는 그냥 웃고 떠들던 사이였던 사람들이, 어느 순간부터는 계산이 섞인 질문을 던지기 시작한다. "요즘 잘된다며?", "그건 어떻게 한 거야?", "나도 좀 알려줄 수 있어?" 같은 말들이다. 나는 원래 아는 걸 숨기지 않는 편이라서 내가 아는 건 정확하게 말해주는 게 낫다고 생각한다. 모르면 모른다고도 분명히 말한다. 주고받는 게 공평해야 관계가 오래 간다는 말이 무색하게 도움을 받는 데는 적극적이지만, 돌려줄 차례가 되면 조용해지는 사람들이 흔하다. 내 정보는 공짜로 얻고 싶지만 자신이 가진 정보는 꽁꽁 숨긴다.

이게 꼭 악의가 있어서 그런 건 아니고, 대부분의 사람이 자기 삶을 버티는 것만으로도 벅차기 때문인 것 같다. 그래서 타인의 성공을 '쉽게 배울 기회'로 여기고, 타인의 실패는 '굳이 함께 감당할 필요 없는 일'로 가볍게 넘긴다. 그래도 계속 퍼주기만 하면 관계는 점점 기울고, 어느 순간 혼자만 지칠 수 있으니 적절한 선에서 멈추고 끊어내는 선택이 필요할 때도 있다.

나도 그런 경험이 많다. 나는 내가 직접 경험하고 비용을 지불해가며 알게 된 정보를 알려주었는데, 상대는 내가 필요할 때 입을 닦는 경험 말이다. 그러면서 항상 나를 응원한다고 한다. 난 응원 따위는 필요 없고 방법이 알고 싶은 건데 누구나 검색하면 알 수 있는 이야기만 반복하는 걸 보면 없던 인류애도 상실된다.

그럼에도 불구하고 나는 계속 퍼준다. 이유는 단 하나다. 열 명 중 아홉은 그렇게 떠나가더라도 한 명의 좋은 사람이 남을 거라는 기대 때문이다. 그리고 그 한 명이 나머지 9명을 전부 합친 것보다 더 내게 도움이 되는 사람인 경우가 여러 번 있었다. 문제는 그 한 명을 만나는 과정에서 계속 이용당한다는 것이다. 실제로 나는 작년에만 해도 꽤 큰돈을 날렸다. '이 사람인가?' 싶었다가 아니었던 경우도 있었기 때문이다. 술값으로 몇백만 원을 쓴 날도 있었다. 얻고 싶은 게 있었고 기대도 했는데 결국 결과가 없었다. 누군가는 이상하게 생각하더라도 나는 그 과정 자체를 후회하진 않는다. 왜냐하면 그게 내가 선택한 방식이기 때문이다. 요즘 내가 자주 떠올리는 단어는 '시절 인연'이다. 여기까지였다는 걸 인정하는 순간, 감정이 오래 남지 않는다. 지금은 아니어도 나중에 다시 만날 수도 있고, 영영 스치고 지나갈 수도 있지만 그건 내가 통제할 수 있는 영역이 아니라는 것도 깨달았다.

내가 계속 움직이는 이유는 정말 내 곁에 있어 줄 만한 단 한 명을 만나기 위해서다. 그 한 명은 반드시 지금의 나보다 크거나, 적어도 나를 다음 단계로 데려갈 사람이라는 것을 안다. 그래서 나는 오늘도 퍼주고 기대하지 않는다. 기대하지 않을수록 오래 가는 것 같다.

어쨌든 월 1,000만 원을 꿈꾸는 당신이 이 책에 나오는 내용을 따라 행동만 한다면 자신의 영역에서 충분히 성과를 이뤄낼 수 있을 것이다. 그리고 그 이상도 당연히 가능하다.

마지막으로 주언규의 책 『혹시, 돈 얘기해도 될까요?』의

에필로그가 마음에 남아서 함께 나누고자 한다.

2016년, 2017년 그 시절의 나에게 꼭 해주고 싶은 말이 있다. "그때의 너는 월 2,000만 원, 3,000만 원, 많아봤자 월 5,000만 원 정도가 너의 한계라고 생각했다. 실제로 그때 너는 그 정도만 되어도 인생이 크게 성공한 것이라고 믿었고, 그것만으로도 충분하다고 생각했다. 그런데 이제 와서, 그때를 지나와 보니 그건 너의 진짜 한계가 아니었다. 지금의 나는 그때 상상했던 것보다 훨씬 많은 것을 해냈고, 그때의 목표는 너무 작고 귀여웠다는 걸 깨닫는다. 네가 지금 목표로 잡고 있는 그것, 월 몇천만 원의 수입 같은 건 너의 진짜 한계가 아니다. 그보다 훨씬 더 높고 멀리 갈 수 있으니까, 겨우 그 정도의 목표로 스스로의 가능성을 가두지 마."

# 가난한 사람들의 DNA에는 '실행'이 없다

돈을 벌지 못하는 사람들을 가만히 관찰해보면 몇 가지 공통점이 있다.

첫 번째는 실행은 하지 않으면서 생각만 끝없이 한다는 점이다. 본인이 아인슈타인도 아닌데 머릿속에서는 이미 모든 경우의 수를 다 계산하고 있다. 그러다 보니 '이래서 안 되고 저래서 안 된다'는 결론에 이른다. 많은 사람들이 변화를 꿈꾸며 자기계발서를 수십 권 읽지만 쉽게 바뀌지 않는 이유가 바로 이것이다. 생각만 하는 것은 누구나 할 수 있다. 인생이 바뀌기 위해서는 행동이 따라야 한다.

생각이 많다는 건 그만큼 신중하다는 뜻이기도 하다. 여러 방면으로 면밀히 조사하고 조심스럽게 접근하는 것이 나쁜 것은 아니지만, 사업에서 너무 신중을 기하다 보면 기회를 놓치는 경우도 흔하게 발생한다. 오히려 과도한 신중함이 역효과를 낼 수도 있다. 예를 들어, 창업할 때 아이템 선정이나 입지 선정, 채용 등에서 너무 신중하게만 접근하면 시장 변화에 대응하지 못해 기회를 잃을 수 있고, 금융 투자나 경제 위기 상황에서도 신중함이 지나치면 적절한 대응 시점을 놓칠 수 있다.

필름 카메라 시절부터 우리에게 익숙한 이름, '코닥'이라는 회사에 대해 들어봤을 것이다. 1975년, 코닥의 엔지니어 스티븐 새슨은 세계 최초의 디지털 카메라 시제품을 만들었다. 필름 없이 이미지를 저장하고, 화면으로 확인하는 방식이었다. 오늘날 우리가 사용하는 디지털 카메라와 스마트폰 카메라의 원형이라고 볼 수 있다. 기술적으로 코닥은 이미 미래를 손에 쥐고 있었다. 하지만 당시 코닥의 주력 사업은 필름이었고, 디지털 카메라가 상용화되면 필름 시장이 무너질 가능성이 컸기에 내부에서는 이런 고민이 반복됐다.

'이 기술을 밀면 우리가 잘하는 사업이 죽는다.'

'수익 모델이 아직 불확실하다.'

'시장 반응을 조금 더 지켜보자.'

결국 코닥은 디지털 기술을 '연구'로만 남겨두고, 본격적인 사업 전환을 미뤘다. 당시의 기준으로 보면 합리적이고 신중한 선택처럼 보였지만, 시장은 기다려주지 않았다. 경쟁사들은 디지털 기술에 올인했고, 소비자의 선택도 빠르게 바뀌어 나갔다. 결과적으로 코닥은 가장 먼저 미래를 보았지만, 가장 늦게 움직인 회사가 되어버리고 말았다. 기술 부족으로 무너진 것이 아니라, 기존 성공에 대한 집착과 '조금 더 생각하자'는 판단이 누적된 끝에 기회를 놓친 것이다. 어떤 기회노 내 준비가 완벽할 때 찾아오지 않는다. 물완전한 상태이더라도 움직여야 그 기회는 내 것이 되는 것이다.

돈 못 버는 사람의 두 번째 특징은 포기가 지나치게 빠르다는 것이다. 한두 번 시도하다 막히면 "이건 아닌 것 같다"는 결론을 너무 쉽게 내려버린다. 깊이 파보지도 않고, 끝까지 가보지도 않고 그만둔다.

무선 청소기와 헤어 스타일러 등을 제조·판매하는 다이슨이라는 회사가 있다. 다이슨 청소기는 처음부터 성공한 제품이 아니었다. 창업자 제임스 다이슨은 기존 청소기의 흡입력이 떨어지는 구조가 마음에 들지 않아 새로운 방식의 사이클론 청소기를 고안해 시제품을 만들었지만 제대로 작동하지 않았고, 고쳐도 또 실패했다. 당시에는 CAD를 통한 시뮬레이션 시대가 아니었기 때문에 디자인을 조금씩 수정해나간 결과 프로토타입이 무려 5,127개에 달했다고 한다. 그렇게 공학에 전문적인 지식이 없었던 다이슨은 설계를 완성하기까지 많은 세월을 보내야 했다. 게다가 당시에는 대부분의 사람들이 먼지 봉투 없는 청소기를 만들 수 있다는 다이슨의 아이디어를 허풍으로 여겨 투자나 생산 계약을 맺기가 매우 어려웠고, 제품 출시를 준비하는 과정에서 사기를 당하면서 파산 직전까지 몰리는 등 많은 우여곡절을 겪어야 했다. 대부분의 사람이라면 10번쯤 실패했을 때 "이건 아닌 것 같다"고 결론을 내렸을 것이다. 하지만 그는 실패를 '잘못된 방향'이 아니라 '다음 수정의 포인트'로 삼았다. 그리고 5,128번째 시제품이 지금 우리가 아는 다이슨 청소기의 시작이 됐다.

다이슨은 실패를 결론으로 쓰지 않고 자료로 썼다. 반대로 돈을 못 버는 사람들은 실패를 분석하지 않고, 자존심이 상했다는 이유로 빨리 접는다. "시장성이 없다", "타이밍이 아닌 것 같다", "내 길은 아닌 듯하다"와 같은 말로 포기를 합리화한다. 하지만 대부분의 경우 그 판단은 데이터가 아니라 감정에서 나온다.

결국 돈이라는 것은 시행착오를 견뎌 답을 찾아낸 사람에게 붙는데, 이 단계까지도 가보지 못하고 멈추는 사람들이 많다. 한두 번 막혔다는 이유로 멈추는 순간, 그 사람은 아직 시작도 하지 않은 것과 다를 바가 없다. 시장은 완성도를 보고 돈을 주지, 첫 시도의 용기를 보고 돈을 주지 않는다. 그래서 포기가 빠른 사람은 늘 '조금 해보다가 안 된 사람'으로 남는 것이다.

돈을 못 버는 사람의 세 번째 특징은 무조건 위임하려는 태도다. 어디서 보고 들은 건 있어서 "대표는 모든 일을 다 할 필요없다", "무조건 위임해야 사업이 성장한다"는 말로 책임을 회피한다. 그런데 이건 위임이 아니라 그냥 손을 놓는 것이다. 자기가 모르니까, 자기가 하기 싫으니까 누군가에게 통째로 맡겨버리는 것이다.

일론 머스크 같은 사업 천재도 로켓 사업이든 전기차 사업이든 모든 핵심 구조를 스스로 이해할 때까지 공부했다. 그는 엔지니어 출신이 아니어서 스페이스X 초창기에는 로켓 공학 서적을 직접 파고들었고, NASA 엔지니어들과 토론하면서 설계 원리부터 실패 원인까지 집요하게 질문했다. 테슬라에서도 배터리 구조, 모터 효율, 생산 공정까지 "이게 왜 이렇게 돌아가는지"를 설명할 수 있을 정도로 이해한 뒤에야 전문가와 기술자들에게 위임했다.

일론 머스크의 위임은 "난 모르겠으니까 네가 알아서 해"가 아니라 "나는 이 구조를 이해했고, 이 기준 안에서 네가 실행해"에 가깝다. 이것이 중요한 이유는 모르면 문제를 정의할 수 없고, 문제를 정의하지 못하면 해결도 불가능하기 때문이다. 일론 머스크는 직접 손으로 기계를 조립하지는 않지만, 어떤 지점에서 오류가 나는지, 무엇이 비효율인지, 어디를 점검해야 하는지는 정확히 알고 있었다.

모든 걸 위임하면 대표가 판단할 수 있는 게 아무것도 남지 않는다. 문제가 발생해도 무엇이 잘못됐는지 알 수 없고, 결과가 틀어졌을 때 어디를 수정해야 하는지도 모른다. 위임은 레버리지이지만, 레버리지를 쓰려면 최소한 구조는 알고 있어야 한다. 예를 들어, 나의 경우에도 영상 편집을 직접 할 줄은 몰라도, 어떤 장면에서 자막이 어떻게 바뀌어야 하는지, 어떤 타이밍에 임팩트가 들어가야 하는지는 잘 알고 있다. 그래야 기획을 할 수 있고, 편집자를 쓰더라도 기준을 제시할 수 있다. 아무것도 모른 채 맡기는 건 위임이 아니라 책임 회피, 업무 회피다. 물론 천재적인 감각으로 모든 걸 맡기고도 잘되는 사람이 있다. 하지만 이 글을 읽고 있는 대부분은 그렇지 않다. 그래서 대표는 어느 정도까지는 직접 공부해서 알고, 겪어봐야 한다.

실행하지 않고 생각만 하는 사람, 포기가 빠른 사람, 위임이라는 이름으로 책임을 내려놓는 사람은 큰돈을 벌기 어렵다. 돈은 머리가 아니라 실행에서 나오고, 위임은 무지가 아니라 알고 있다는 기준 위에서만 작동한다. 대표는 아무것도 하지 않는 사람이 아니라, 무엇을 알고 무엇을 맡길지를 결정하는 사람이다.

# 실력이 있다면 무료 말고 '유료 아이템'으로 팔아라

솔직히 직장에서 따박따박 월급 받는 사람들은 불가능한 건 아니지만 월 1,000만 원을 벌 수 있는 방법이 극히 제한적이다. 만약 회사에 겸업 금지 규칙이 있다면 더 그렇다.

직장인이 월 1,000만 원의 수익을 벌 수 있는 방법은 두 가지인데, 하나는 회사 안에서 말도 안 되는 수준의 초격차를 만들거나 두 번째는 아예 회사 밖에서 다른 파이프라인을 만드는 것이다. 현실적으로는 후자가 더 가능성이 있는 방법이다.

당신이 직장인이라면 '내가 벌어오는 돈'과 '내가 받는 돈'은 전혀 다른 개념이라는 걸 이해해야 한다. 직장인은 회사가 벌어온 돈 중 일부를 배분받는 구조에 있기 때문에 내가 회사에 얼마의 가치를 만들어주느냐와 상관없이 받는 돈에는 상한선이 있다. 연봉 테이블, 직급, 조직 구조가 그 한계를 정해버린다. 그래서 직장인으로 월 1,000만 원을 받으려면 실력만으로는 부족하다. 구조를 뚫어야 하는데 그 구조는 대부분 개인이 좌지우지할 수 없다.

요즘 개나 소나 "이것만 하면 월 1,000만 원 번다"는 말을 아무렇지 않게 하지만, 1,000만 원은 그렇게 가볍게 다룰 수 있는 숫자가 아니다. 누구나 조금만 하면 도달할 수 있는 금액이라면, 그때는 그 돈의 의미가 급격히 떨어졌다는 방증이다. 이 금액은 단순히 혼자 일을 열심히 해서 만들 수 있는 것이라기보다는 시스템이 돌아가기 시작해야 달성할 수 있는 숫자다. 나 역시 휴대폰 사업이나 부동산 일을 하면서 느낀 게, 월 1,000만 원을 번다는 건 단순히 통장에 찍히는 숫자가 아니라 흐름의 변화라는 것이다. 하루에 2~3건 오던 문의가 10건을 넘기기 시작하는 순간, 체감이 완전히 달라진다. 그 정도의 문의가 들어온다는 건, 시장에서 '선택받는 위치'에 올라섰다는 뜻이기 때문이다. 그래서 월 1,000만 원은 결코 쉬운 목표가 아니다. 오히려 꽤 어렵고, 아무 준비 없이 도전해서는 도달할 수 없는 구간이다. 하지만 한 번 그 구조를 만들어본 사람은 '아, 이렇게 벌리는 거구나' 하는 그 감각을 한

번이라도 몸으로 체득할 수 있다. 이 책에서 말하고 싶은 것
도 그거다.

이제부터는 내가 물건을 팔든, 서비스를 제공하든, 중개를
하든 각 위치에서 어떻게 월 1,000만 원이라는 숫자를 현실
로 만들어낼 수 있는지 하나씩 살펴보고자 한다. 앞으로 이
야기할 내용은 요령이나 단기 트릭이 아니다. 0에 있는 사람
이 1이 될 수 있는 '시장에서 실제로 작동하는 방식, 수익이
반복되기 시작하는 구조'를 기준으로 풀어갈 것이다. 내가
말하는 0 to 1은 세상에 없는 새로운 비즈니스를 만들어 시
장을 독점하는 방식이 아니라, 평범한 직장인인데 부업으로
더 돈을 벌고 싶거나 열심히 일은 하는데 뭔가 몸만 갈리고
돈이 벌리지 않는 사람들이 돈을 버는 첫 구조를 만드는 것
을 의미한다. 큰 성공이 아니라 작은 성공을 이야기한다.

가장 먼저, 당신이 PPT나 홈페이지를 만들어주는 웹디자
이너라고 해보자. 앱 개발자나 영상 편집자에게도 해당하는
방법이다. 사실 "어디서 일감을 구하느냐"에 대해서는 이미
다들 알고 있을 것이다. 숨고, 크몽 같은 플랫폼도 있고, 개인
블로그나 SNS를 활용할 수도 있다.

자신이 전문 기술이 있어서 그것으로 서비스를 제공하는
사람이라면 먼저 어느 정도의 실력을 가졌는지 점검해야 한
다. 많은 사람들이 "일이 없으니까 싸게 많이 해야지"라고 생

각하지만 이 전략은 오래가지 못한다. 가격을 싸게 후려치면 일은 많이 생길지 몰라도 일에 치여 서비스의 퀄리티는 더 떨어질 것이다. 그리고 일단 가격이 싸면 고객 입장에서 결과물도 그 정도일 거라고 생각하기 마련이다. 반대로 퀄리티를 확실하게 끌어올리고, 그에 맞는 가격을 설정하면 전혀 다른 고객층을 만나게 된다. 투자할 여력이 있는 사람들은 중요한 일에 돈을 아끼지 않는다. 홈페이지나 PPT가 자기 사업의 얼굴이라고 생각하는 사람들은 '싸게'보다 '확실하게'를 선택한다.

만약 큰돈을 받기에는 실력이 부족한 것 같다고 생각한다면 실력을 끌어올리기 위한 노력을 병행해야 한다. 잘하는 사람을 찾아가 배우든지, 이미 잘 만들어진 결과물을 반복해서 분석해봐야 한다. 처음부터 돈을 크게 벌겠다는 태도보다 실력을 먼저 쌓고 그 실력에 맞는 가격을 붙여가라. 오히려 실력이 올라갈수록 가격을 높여야 한다. 시장에는 늘 고급 수요가 존재하기 때문이다.

또 가격대는 하나만 두지 않는 게 좋다. 체험형 10만 원, 기본형 50만 원, 프리미엄 300~500만 원 이런 식으로 여러 가격대의 상품을 함께 올려둔다. 체험형은 말 그대로 진입 장벽을 낮추기 위한 선택지다. 아직 확신이 없거나 가볍게 맛보고 싶은 사람들을 위한 문이다. 기본형은 가장 많은 사람이 고를 수 있는 현실적인 대안이고, 프리미엄은 결과와 효율을 중시하는 사람을 위한 상품이다. 이 세 가지가 동시에 존재하면 프리미엄이 옆에 있어서 기본형이 합리적으로 보이고, 체험형이 있어서 프리미엄이 과하지 않게 느껴진다. 가격은 단독으로 작동하지 않고, 항상 상대적으로 인식된다.

그리고 여기서 결정적인 역할을 하는 게 글이다. "왜 프리미엄이 더 좋은지"를 글로 설득하는 것이다. 대신 고객의 상황을 정확히 싶어줘야 한다. 예를 늘어, "처음 시도해보는 단계라면 체험형으로도 충분합니다"라고 말해주되, 동시에 "하지만 수정할 때마다 비용이 들고, 결국 다시 만들게 됩니다. 이 홈페이지로 사업을 할 생각이라면 처음부터 제대로 만드는 게 훨씬 합리적입니다"라는 현실도 함께 보여주는 식이다. 그러면 고객은 계산을 해볼 것이다. 홈페이지를 '온라인 사무실'에 비유하거나 오프라인 매장에 빗대어 설득하는 것도 효과적이다. 강남역 1번 출구 스타벅스 옆에 가게를 낼 것인지, 언덕 꼭대기 골목에 낼 것인지 묻는 순간 사람은 직관적으로 이해한다. 홈페이지도 마찬가지라는 메시지를 주면 된다.

금액을 설정하고 고객을 설득하는 글을 썼다면 이제 마케팅 채널을 만들어야 한다. 이것도 거창할 게 없다. 유튜브 조회수가 100만이 나올 필요도 없다. "홈페이지 제작", "홈페이지 만들기"처럼 정확한 키워드로 들어온 100명이 실제 결제를 할 훨씬 더 강력한 고객이기 때문이다. 이들은 이미 필요해서 검색한 사람들이라서 영상이나 글의 끝에 "더 궁금하면 아래 링크로 문의해주세요" 한 줄이면 충분하다. 이렇게 직접 홍보를 하면 플랫폼 수수료를 떼이지 않아서 더 좋다.

마지막으로 중요한 건 서비스 설계다. '수정 몇 회' 같은 형식적인 조건보다 고객이 실제로 불편해했던 지점을 해결해주는 게 훨씬 강력하다. 예를 들어, 수정을 요청하면 보통 일주일씩 걸린다면 '이틀 안에 수정, 안 되면 전액 환불' 같은 차별화된 기준을 내세우는 것이다. 이건 몇 번만 제대로 작업해보면 고객이 뭘 싫어하는지 자연스럽게 보인다. 그걸 언어로 정리해 보여주는 순간, 가격은 더 이상 문제가 되지 않는다.

서비스형 직업으로 돈을 버는 사람들은 절대 제공하는 서비스를 싸게 팔지 마라. 대신, 왜 이 가격이어야 하는지를 설명하라. 실력은 없는데 터무니없이 가격만 높여서도 안 된다. 그 가격을 스스로 납득해야 자신감을 가지고 당당하게 비용을 받을 수 있다. 본인조차 설명하지 못하는 가격을 설정해 놓으면 시장에서도 오래 버티지 못한다.

# 나라는 상품을
# 시장에 최고가로 팔아라

퍼스널 브랜딩은 '사람들이 나를 어떤 사람으로 기억하게 만들 것인가'를 의도적으로 설계하는 마케팅이다. 진짜 나를 과장해서 꾸며내는 것도 아니고, 허상을 만들어 파는 일도 아니다. 시장에서 필요로 하는 나의 한 단면을 선택해서 그 이미지를 반복적으로 각인시키는 작업이다. 예를 들어, '감성적인 출판 마케터', '실행력이 넘사벽인 사업가', '해산물에 미쳐 있는 먹방 유튜버', '영화 속 등장인물의 심리만 분석하는 정신과 의사', '편의점 신상에 인생을 거는 블로거', '여행지보다 숙소에 집착하는 여행 작가' 등이다. 누구나 여러 가지 얼굴을 가지고 사는데 퍼스널 브랜딩은 그중 하나를 골라 그 역할로 꾸준히 사람들에게 눈도장을 찍는 일이다. 그래서 퍼스널 브랜딩은 포지셔닝을 어떻게 하는가가 최대 관건이다.

요즘 같은 시대에 퍼스널 브랜딩이 중요해진 이유는 명확하다. 세상에 뛰어나고 잘난 사람은 넘쳐나는데 실력만으로는 구분이 되지 않기 때문이다. 잘하는 사람은 이미 너무 많고 비슷한 실력, 비슷한 경력, 비슷한 가격과는 다른 잣대가 필요해졌다. 그래서 퍼스널 브랜딩이 제대로 되어 있지 않은 사람은 실력이 있어도 선택지에 오르지 못한다.

또 하나의 이유는 플랫폼 시대의 도래다. 유튜브, 인스타그램, 스레드, 틱톡 등 지금 시장은 대부분 플랫폼에서 잘나가는 인플루언서 중심으로 작동한다. 같은 내용이라도 '누가 말하는가, 이 사람은 어떤 태도로 이 일을 해왔는가, 믿을 만한 사람인가'에 따라 가치가 달라지고, 기회의 크기도 달라진다.

소속이 더 이상 안전망이 되지 않는다는 점도 빼놓을 수 없는 이유다. 회사 이름, 직함, 학벌이 평생을 보장해주던 시대가 끝나면서 어떠한 조직이나 단체에 소속되어 있기보다 개인으로 움직이는 사람이 많아졌다. 앞으로 더 많아질 거고, 이제 환경이 바뀌면 남는 것은 결국 개인의 이름밖에 없다. 회사 밖에서도 통하는 이름이 있는지, 설명 없이도 떠오

르는 이미지가 있는지, "그 분야라면 이 사람!"이라는 전문성
이 더 중요해졌다.

퍼스널 브랜딩을 이야기할 때 사람들이 가장 많이 착각하
는 지점이 진짜 자신의 모습만을 보여줘야 한다는 점이다.
물론 너무 인위적이거나 거짓이어서도 안 되지만, 너무 자신
의 밑바닥까지 모두 꺼내 보일 필요는 없다고 생각한다. 무
엇을 더 드러내고 부각할지만 선택하면 된다.

퍼스널 브랜딩이란 유명해지는 전략이 아니라, 사람들이
나를 선택해야 할 이유를 만드는 것이다. 아무 말도 하지 않
고 아무 캐릭터도 만들지 않으면 시장이 알아서 나를 찾아올
수가 없다. 그래서 요즘 시대에 퍼스널 브랜딩은 선택이 아
니라 필수다. 기회에서 밀려나지 않기 위해서는 반드시 고민
해야 할 생존 전략이다.

이러한 퍼스널 브랜딩이 가장 필요한 사람이 강사, 작가,
컨설턴트, 프리랜서 같은 직군에 있는 사람들이다. 그리고
요즘은 의사, 심리상담사, 트레이너, 한의사, 요리사 등 더 넓
은 범위로 확장되고 있는 추세다. 특히 요즘에는 퍼스널 브
랜딩의 첫 단추로 책이 많이 활용되고 있는 것 같다. 강사의
경우에는 저서가 있느냐 없느냐에 따라 강의료가 달라지고,
강사의 '격'이 매겨진다고 한다. 책은 일종의 '이 사람이 어떤
사람인지, 어떤 관점을 가진 사람인지' 설명하지 않아도 단

번에 보여주는 증명서가 되어버렸다. 솔직히 말해 강의 주제나 내용은 다들 고만고만할 것이다. 여기서 차이를 만드는 건 퍼스널 브랜딩이고, 더 정확히 말하면 '캐릭터'다. 누가 더 자기 색깔을 분명하게 보여주느냐, 누가 더 기억에 남느냐의 싸움이다.

유튜브 세상을 떠올려보면 이해가 더 쉽다. "어떻게 하면 유튜브를 잘할 수 있을까요?"라는 질문에 기술적인 답은 누구나 할 수 있다. 하지만 현재 잘나가고 있는 유튜버들의 말투, 분위기, 행동, 그 사람만의 공기까지는 흉내 낼 수 없다. 예를 들어, 같은 주제라도 누군가는 점잖게 설명하고, 누군가는 거칠게, 또 누군가는 유머러스하게 말한다. 전한길이나 정승제, 이지영 강사처럼 아예 캐릭터가 확실한 사람은 호불호가 갈려도 팬층이 단단하다. "저 사람 싫어"라고 말하면서도 계속 보게 만드는 힘이 있다. 마냥 착하고 무난한 사람으로 보여서는 살아남기가 어렵다. 누군가에게는 불편해도, 누군가에게는 강하게 꽂히는 지점이 있어야 한다.

유명 강사들이 TV나 유튜브에 자주 등장하는 이유가 뭔지 아는가? 그들은 이미 강의와 교재를 팔아 연예인 못지않게 많은 돈을 벌지만, 마케팅 때문에 더 많이 나오려고 하는 것이다. 강의와 책 쓰기 바쁠 텐데 굳이 나오는 이유는 자신의 퍼스널 브랜드를 더 넓은 시장에 각인시키기 위해서다.

작가 역시 마찬가지다. 단순히 글을 잘 쓴다고 팔리는 시대는 지났다. 작가로 살아남으려면 어느 정도는 '유명해져야' 한다. 국민멘토로 불리는 김미경 강사는 '여성의 삶을 대신 말해주는 사람'으로 포지셔닝되어 있다. 원래 기업, 공공기관, 대학을 다니며 강의하던 전문 강연자에서 지금은 베스트셀러 도서들을 여러 권 쓴 작가이자 많은 사람들에게 희망과 용기, 자신감, 지식·정보를 주는 180만 유튜버, 자기계발을 전문적으로 하는 강의 플랫폼 MKYU의 학장이 된 인물이다.

그녀는 지식을 전달하는 강사라기보다 사람의 마음에 먼저 말을 거는 화법으로 많은 팬들을 만들어 나갔다. 사람들이 무엇을 몰라서 힘든 것이 아니라, 이미 충분히 애쓰고 있음에도 그 사실을 인정받지 못해 지쳐 있다는 것을 누구보다 빨리 알아차리고 "여기까지 오느라 많이 힘들었지" 토닥이며 자신의 자리를 빠르게 확장해 나간 것이다. 이 메시지는 이후 김미경 브랜드를 관통하는 핵심 태도가 되었다. 강연과 책으로 많은 인지도를 쌓은 김미경은 유튜브라고 해서 새로운 캐릭터를 만들지 않았다. 자극적인 콘텐츠 전략을 쓰지도 않았고, 이미 수십 년간 말해온 '나는 네 편'이라는 메시지를 그대로 유지했다. 계속해서 여성들이 성장하고 발전하는 데 초점을 맞추며 팬들과 진심으로 소통했고, 그렇게 김미경은 오랫동안 신뢰받는 인물 브랜드로 자라났다. 김미경의 사례가 보여주는 것은 단순한 호감이나 인기의 문제가 아니라 퍼스널 브랜딩이 실제로 어떻게 작동하는지에 대한 매우 현실적인 예다.

결국 퍼스널 브랜딩은 돈을 벌기 위한 전략이다. 이걸 인정하는 순간, 훨씬 덜 흔들리고 훨씬 덜 상처받는다. 남들의 평가나 댓글에 쉽게 긁히는 사람은 오래 가지 못한다. 나 같은 30만 유튜버도 악플이 많은데 180만 유명인이면 얼마나 많은 공격을 받겠는가. 가해자들은 반응을 보이면 더 집요하게 공격한다. 그럴 때 "그래서? 어쩌라고?"라는 태도를 유지하면 도움을 받을 수 있다. 타격감이 없다는 걸 알면 가해자들도 맥이 빠져서 더 이상 건드리지 않는다. 퍼스널 브랜딩의 세계에서 중요한 것은 꾸준히 같은 이미지를 지속하는 것이다. 사람들은 결국 가장 화려한 사람이 아니라, 끝까지 자기 자리에 있었던 사람을 기억한다.

# 팔려고 발악할수록
# 돈은 도망간다

한 최면 전문가 유튜버는 자신의 채널에서 단 한 번도 "상담 받으러 오세요"라는 말을 하지 않는다. 상담을 받으려면 어디로 문의를 해야 하는지, 예약은 어떤 방식으로 할 수 있는지에 대해서도 언급하지 않는다. 대신 그가 꾸준히 해온 일은 단 하나다. 실제로 상담을 받았던 사람들의 이야기를 가능한 한 있는 그대로 전하는 것이다. 물론 모든 사례는 내담자의 동의를 받고 공개한다.

영상의 포맷도 항상 동일하다. 이 내담자가 어떤 상태에서 찾아왔는지, 무엇 때문에 힘들어했는지, 상담 과정에서 무슨 이야기를 나누었는지, 최면 상태에서는 어떤 반응을 보였는지, 그리고 시간이 흐른 뒤 어떤 변화가 있었는지를 차분하게 설명한다. 극적인 연출도 없고, '이렇게 하면 반드시 낫는다'는 식의 단정도 없다. 오히려 그는 중간중간 "이 방식이 모든 사람에게 통하는 것은 아니며, 같은 최면이라도 반응은 사람마다 다르다"고 설명한다. 어떤 사람은 빠르게 달라졌고, 어떤 사람은 생각보다 오래 걸리거나 전혀 개선되지 않았다고 솔직하게 덧붙인다.

그럼에도 불구하고 이 사람의 영상에는 묘한 힘이 있다. 보는 사람은 '저 사람도 나랑 비슷하네'라는 지점에서 공감을 얻고 '나도 이 사람에게 상담을 받으면 좋아질 수 있을까?' 하는 기대를 품는다. 사람들은 영상을 보며 자신의 이야기에 빗대어 본다. 그래서 댓글에도 악플보다는 '저랑 너무 비슷한 상황이라 펑펑 울면서 들었습니다', '저도 비슷한 문제로 고통이 큰데 이분처럼 선생님을 만나 좋아지고 싶습니다'라는 글들이 달린다. 이 최면가는 영상 내내 상담을 권유하거나 연락처를 공유하지도 않는다. 그 결과, 따로 홍보를 하지 않는데도 예약이 자그마치 3년이나 밀려 있다. 영상 처음부터 끝까지 자신을 드러내기보다 사례를 앞세웠고, 상담 과정을 공유한 것뿐인데 사람들은 그 태도에 반응했다.

상담을 업으로 삼는 사람들에게 가장 강력한 마케팅은 '권유'가 아니라 '사례'다. 내가 얼마나 뛰어난지를 말하는 대신,

내가 어떤 사람을 만났고 그 사람이 어떻게 변해갔는지를 보여주면 선택은 보는 사람이 알아서 한다. 상담의 세계에서는 고객을 오라고 부르지 않을수록, 사라고 말하지 않을수록 오히려 안심하고 다가오는 것 같다. 사례를 충분히 풀어놓는다는 것은 가장 정직한 방식으로 자신을 증명하는 일이기 때문이다. 당신이 심리 상담사나 정신과 의사 혹은 사람의 마음을 다루는 직업을 가졌다면 자신이 제공하는 서비스를 굳이 팔려고 애쓰지 않아도 된다. 누군가의 사례를 솔직하고 담담하게 잘 전달하기만 해도 충분하다. 그리고 고정 댓글에 문의하기 링크만 하나 넣어주면 끝이다.

왜 팔지 않을수록 더 잘 팔리는 것일까?

사람은 누군가가 자신을 설득하려 한다는 느낌을 받는 순간 본능적으로 방어한다. "지금 신청하세요", "이게 정답입니다", "이 방법을 쓰셔야 합니다"라는 말이 반복될수록, 내용이 아무리 좋아도 마음이 닫힌다. 선택을 빼앗기는 느낌 혹은 누군가 나를 그들이 원하는 방향으로 끌고 가려는 기미가 보이는 순간 사람은 한 발짝 물러선다. 그래서 설득은 종종 역효과를 낸다. 반대로 선택의 주도권이 나에게 있다고 느낄 때 사람은 마음을 연다. "이 사람은 나를 조종하려 하지 않네. 그냥 내가 판단할 수 있는 자료만 제공해주는구나" 이 인식이 생기는 순간 신뢰가 쌓이고, 스스로 다가가고 싶어진다. 특히 상담, 치료, 코칭처럼 개인의 취약한 지점을 다루는 영역에서는 특히 효과적이다.

또 오해하지 말아야 할 것은 나한테 사지 말라고 계속 말하라는 것이 아니라는 점이다. 오히려 이 마케팅 기법은 매우 적극적이고 의도적인 설계 위에서 작동한다는 것을 이해해야 한다. 아무 말도 하지 않고 기다리는 것이 아니라, 해야 할 설명은 충분히 하고, 보여줄 사례는 다 보여주고, 책임질 수 있는 만큼의 정보는 모두 오픈한다. 그리고 그다음 선택은 상대에게 맡긴다. 이 균형이 무너지면 '팔지 않는 태도'는 곧 책임 회피가 되지만, 이 균형이 유지될 때 그것은 가장 강력한 신뢰 장치가 된다. 사람은 설득보다 존중받는 선택을 더 신뢰하기 때문이다.

"나에게 상담을 받으라"는 직접적인 권유보다는 약간 에둘러서 "나한테 바로 오지 말고, 주변 사람들을 만나서 울고, 떠들고, 술도 한잔하면서 네가 할 수 있는 것부터 해보라"고 말하는 편이 훨씬 낫다. 이런 이야기들을 충분히 한 뒤에, 정확한 정보를 알려주고 영상이나 글의 4분의 3 지점(영상 끝나기 전쯤)에 "이 방법이 안 되면 병원에 가라, PT를 받아라, 전문업체를 찾아라" 등의 멘트를 잠깐 넣는 것이다. 딱 그 정도면 충분하다. 10분짜리 영상을 만들었다면 7~8분쯤에서 이런 멘트를 하면 된다. 나도 유튜브나 스레드에서 적극적으로 활용하고 있는 방법이다. 정보만 주고 끝이 아니라 정보 이상을 원하는 사람들이 연락할 수 있도록 CTA는 무조건 넣어놔야 한다.

필요한 게 있어서 마트에 들렀는데 필요하지도 않은 물건을 파는 사람이 내게 달라붙어 "이래저래 해서 좋은 상품이고 할인해서 싸게 팔아요. 지금 사시면 사은품도 하나 붙여드릴게요. 하나 들여가세요"라며 적극적으로 접근해오면 당신은 어떤 기분이 느는가. 원래 사려 했다가도 괜히 구매하기가 싫어진다. 그 사람의 꼬임에 넘어간 것 같은 느낌이 들기 때문이다. 뭔가 잘 안 팔리니까 나한테 이렇게까지 주는 것 같다는 느낌도 든다.

한 피부과 의사는 유튜브나 SNS에서 단 한 번도 "시술 받으러 오세요"라는 말을 하지 않는다. 이벤트, 가격, 전후 사진을 내세우는 대신 그가 반복해서 하는 일은 환자들이 흔히 오해하는 피부 문제를 풀어 설명하는 것이다. 여드름이 왜 갑자기 악화되는지, 레이저를 맞아도 다시 뒤집어지는 이유가 무엇인지, 병원 치료보다 생활 습관을 먼저 바꾸는 게 나은 경우는 어떤 것인지 숨기지 않고 말한다. 심지어 "이 경우에는 굳이 병원에 안 오셔도 됩니다"라는 말도 자주 한다.

그의 영상에는 화려함이 없다. 자극적인 제목도 없고, 시술 효과를 과장하지도 않는다. 대신 실제로 병원을 찾았던 환자들이 어떤 상태였고, 어떤 선택을 했으며, 왜 특정 시술을 하지 않기로 결정했는지를 있는 그대로 설명한다. 이 시술이 도움이 되는 경우와 그렇지 않은 경우를 명확히 나누고, 비용 대비 효과가 낮은 선택에 대해서는 굳이 권하지 않는다. 듣는 사람 입장에서는 묘한 안도감이 생기는데, '이 사람은 나에게 무언가를 팔려고 하는 게 아니라, 판단 기준을 알려주고 있다'는 느낌 때문이다.

적극적으로 홍보하는 것도 아닌데 이 사람이 운영하는 피부과는 늘 예약이 밀려 있다. 특히 그가 "굳이 안 해도 된다"고 말했던 영상에는 '이런 이야기를 해주는 병원이라면 믿을 수 있을 것 같아요', '다른 곳에서 시술받기 전에 이 영상을 봤으면 더 좋았을 텐데'라는 댓글이 달린다.

이 사례가 흥미로운 이유는, 이 의사가 전문성을 숨기지 않으면서도 판매를 전면에 내세우지 않는다는 점 때문이다. 자신이 알고 있는 것을 가능한 한 투명하게 공개함으로써 설령 그 과정에서 일부 잠재 고객은 떨어져 나가더라도 남는 사람들은 훨씬 단단한 신뢰를 갖고 찾아온다.

이 마케팅 기법은 세무사나 변호사, 트레이너, 코치에게도 똑같이 적용된다. 세무 상담을 예로 들면, 무조건 절세 전략을 내세우는 대신 "이 정도 소득이라면 굳이 법인을 만들 필요는 없다"고 말해주는 사람에게 신뢰가 쌓인다. 운동 코치 역시 등록을 유도하기보다 "이 상태에서는 PT보다 일주일에 세 번 걷는 게 더 효과적"이라고 말해줄 때, 사람들은 마음이 움직인다.

결국 이 사람들의 공통점은 하나다. 오지 않아도 된다는 말을 할 수 있을 만큼 자기 분야에 대한 확신이 있다는 것, 그리고 그 확신이 사람들에게 가장 강력한 설득으로 작동한다는 것이다. 팔지 않으려는 태도가 아니라, 필요하지 않은 사람에게까지 굳이 팔지 않겠다는 태도가 신뢰를 만드는 것이다.

그러니, 영상 내에 회사 연락처를 기재하기 어렵거나 블로그, 쓰레드 같은 플랫폼에 글을 올리기 애매한 상황이라면, 아래와 같은 방식으로 고객이 언제든 회사에 문의할 수 있도록 별도의 창구를 마련해 두어야 한다.

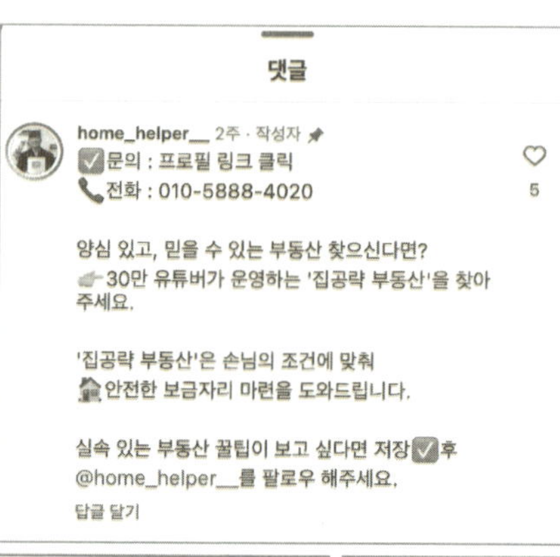
댓글

home_helper__  2주 · 작성자
✅ 문의 : 프로필 링크 클릭
📞 전화 : 010-5888-4020

양심 있고, 믿을 수 있는 부동산 찾으신다면?
👉 30만 유튜버가 운영하는 '집공략 부동산'을 찾아 주세요.

'집공략 부동산'은 손님의 조건에 맞춰
🏠 안전한 보금자리 마련을 도와드립니다.

실속 있는 부동산 꿀팁이 보고 싶다면 저장 ✅ 후
@home_helper__를 팔로우 해주세요.

답글 달기

5

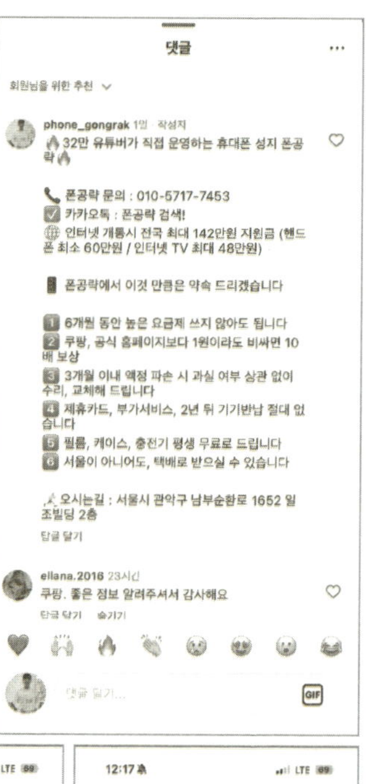
댓글  ···

회원님을 위한 추천  ∨

phone_gongrak 1분 · 작성자
🔥 32만 유튜버가 직접 운영하는 휴대폰 성지 폰공략 🔥

📞 폰공략 문의 : 010-5717-7453
✅ 카카오톡 : 폰공략 검색!
🌐 인터넷 개통시 전국 최대 142만원 지원금 (핸드폰 최소 60만원 / 인터넷 TV 최대 48만원)

📱 폰공략에서 이것 만큼은 약속 드리겠습니다

1️⃣ 6개월 동안 높은 요금제 쓰지 않아도 됩니다
2️⃣ 쿠팡, 공식 홈페이지보다 1원이라도 비싸면 10배 보상
3️⃣ 3개월 이내 액정 파손 시 과실 여부 상관 없이 수리, 교체해 드립니다
4️⃣ 제휴카드, 부가서비스, 2년 뒤 기기반납 절대 없습니다
5️⃣ 필름, 케이스, 충전기 평생 무료로 드립니다
6️⃣ 서울이 아니어도, 택배로 받으실 수 있습니다

📍 오시는길 : 서울시 관악구 남부순환로 1652 일 조빌딩 2층

답글 달기

ellana.2016 23시간
쿠팡. 좋은 정보 알려주셔서 감사해요
답글 달기  숨기기

댓글 달기...

12:16
instagram
litt.ly

🔥 32만 유튜버가 직접 운영 🔥
🌐 인터넷 개통시 전국 최대 142만원 지원금

▶ 최저가 방문/배송 예약하기

예약 없이 방문하시는 경우 대기 시간이 발생할 수 있습니다.

▶ 문의하기 (상담 후 택배 배송 가능합니다.)

▶ 문의하기
(상담 후 택배 배송 가능합니다.)

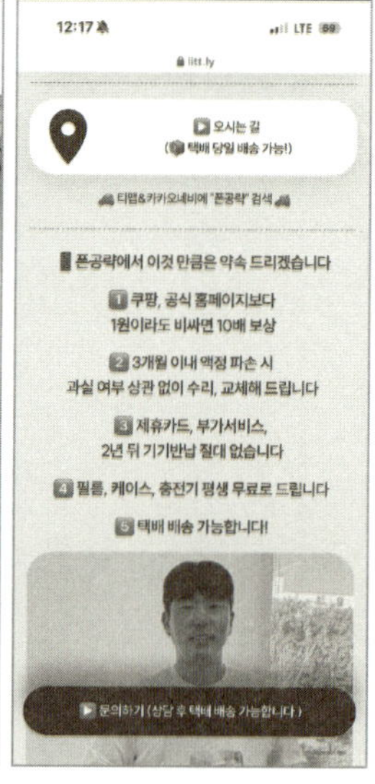
12:17
litt.ly

📍 오시는 길
(택배 당일 배송 가능!)

티맵&카카오네비에 "폰공략" 검색

📱 폰공략에서 이것 만큼은 약속 드리겠습니다

1️⃣ 쿠팡, 공식 홈페이지보다 1원이라도 비싸면 10배 보상

2️⃣ 3개월 이내 액정 파손 시 과실 여부 상관 없이 수리, 교체해 드립니다

3️⃣ 제휴카드, 부가서비스, 2년 뒤 기기반납 절대 없습니다

4️⃣ 필름, 케이스, 충전기 평생 무료로 드립니다

5️⃣ 택배 배송 가능합니다!

▶ 문의하기 (상담 후 택배 배송 가능합니다.)

12:17
instagram
litt.ly

문의하기
▶ 문의하기
(상담 후 택배 배송 가능합니다.)

우주꿀까짐60
리뷰 11 · 사진 11    팔로우

방문 개통 예약

▶ 문의하기 (상담 후 택배 배송 가능합니다.)

도 자세히 해주셔서 너무 좋았습니다

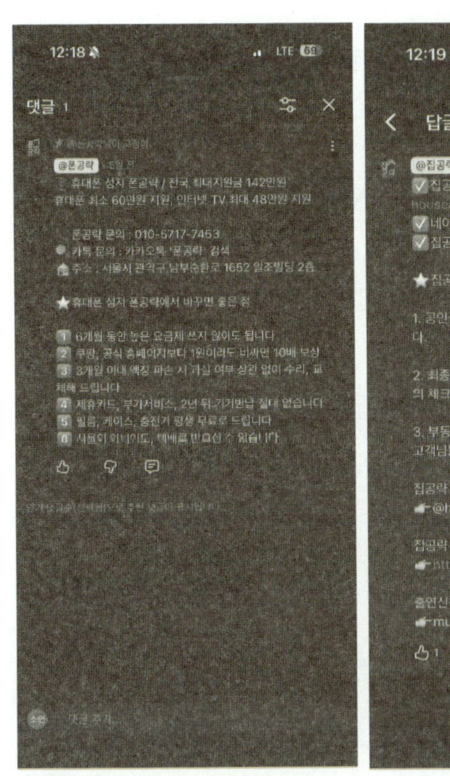
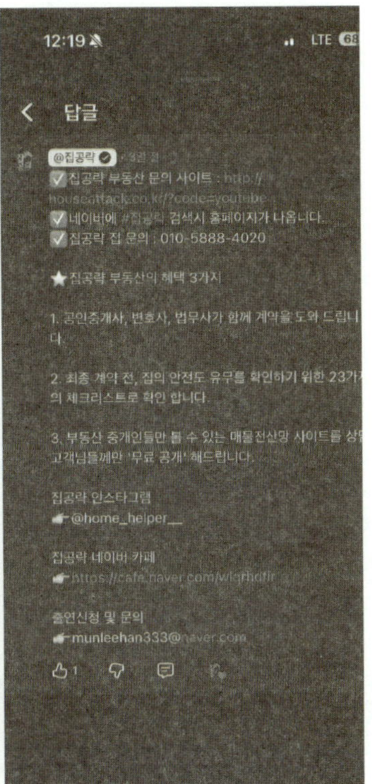

**phone_gongrak · 크리에이터**
💧 32만 유튜버가 직접 운영하는 휴대폰 성지! 💧
📞 폰공략 문의 : 010-5717-7453
☑️ 네이버에 #폰공략을 검색하세요

3일 전　답글

# 보험, 폰, 차팔이들이
# 부자가 되는 진짜 이유

빵을 만들어 파는 사람을 우리가 빵팔이라고 부르지 않고, 카페 하는 사람을 커피팔이라고 부르지 않는데 왜 유독 보험을 파는 사람은 보험팔이, 중고차 파는 사람은 차팔이, 휴대폰 파는 사람은 폰팔이라고 하는 걸까. 소비자가 '비양심적으로 물건을 팔고 불법으로 강매하는 일'을 겪었거나 거래 과정에서 뭔가 불쾌감을 느껴왔기 때문일 것이다. 보험이나 중고차, 휴대폰은 빵, 커피와는 다르게 고객이 정해진 금액을 알 수가 없다. 파는 사람이 마진을 어떻게, 얼마나 남겨 먹는지 그 뒷사정을 알 수 없기 때문에 시간이 한참 지난 후에야 '내가 상품을 잘못 샀구나'라는 걸 알게 되는 경우가 많다.

휴대폰을 한참 쓰고 있었는데 나중에 알고 봤더니 훨씬 더 싸게 파는 매장이 있었다든가, 좋은 줄 알고 보험을 들었는데 나중에 보상을 받으려고 보니 아무것도 받을 수 있는 게 없다든지, 중고차를 샀는데 한 달도 안 되어서 문제가 발생했다든지 하는 경험이 쌓여 파는 사람에 대한 신뢰가 무너져 내린 것이다.

하지만 나는 이런 중개형 서비스 구조를 긍정적으로 생각한다. 안 좋은 이미지는 고치면 되는 것이고, 구조 자체가 너무나 강력하기 때문이다. 중개형 비즈니스의 핵심은 내가 무언가를 직접 만들어서 쌓아두고 파는 것이 아니라는 데 있다. 재고를 안지 않고, 생산 리스크를 떠안지 않으며, 대신 올바른 정보를 제공해서 고객이 판단할 수 있도록 신뢰를 중개하면 되는 매력적인 사업이다. 마진율도 압도적으로 높은데, 실제로 50% 이상이 남는 경우도 드물지 않다.

요즘 스타트업 중에는 매출이 100억을 넘어도 한 달에 1,000만 원도 못 버는 곳이 수두룩하다. 번 돈의 대부분을 다시 광고비로 태워야 하기 때문이다. 노출을 멈추는 순간 매출이 멈추는 구조에서는 숫자가 커질수록 손에 남는 건 오히려 줄어든다. 하지만 중개형 사업은 다르다. 특히 퍼스널 브랜딩이 결합되면 엄청난 힘을 발휘한다.

중고차 업계에는 워낙 문제가 많고, 불신도 크다. 그런데 그 안에서 정직하게 가격 구조를 공개하고, 자신이 남길 몫만 명확히 밝히며, 차량 상태를 있는 그대로 공개하는 사람들이 점점 등장하고 있다. 그런 사람들은 유튜브나 SNS를 통해 업계의 관행을 숨기지 않고 다 까놓는다. 그 결과, 순수익 5,000만 원을 못 버는 사람이 없을 정도로 시장에서 압도적인 위치를 차지한다. 그만큼 신뢰가 돈으로 직결되는 구조를 만들어냈다는 점이 핵심이다.

보험도 마찬가지다. 보험 업계는 정보 비대칭이 심하고, 소비자가 손해를 보기 쉬운 영역이다. 그런데도 정작 "이 보험은 지금 당장 해지하세요", "이런 설계사와는 더 이상 연락하지 마세요"라고 말해주는 사람은 거의 없다. 대부분은 무언가를 더 팔기 바쁘다. 이렇게 '하지 말아야 할 것'을 명확히 말해주는 사람에게 신뢰가 쌓이는 법이다. 내가 아는 보험 컨설턴트 중에는 이런 방식으로 한 달에 수천만 원 이상 벌고 있는 사람이 있다. 중요한 건 '하라'보다 '하지 마라'가 많아야 한다는 점이다. 업계의 황소개구리처럼, 모두가 침묵하는 구조를 드러내는 역할을 자처하는 것이다.

이런 사람들은 업계에서 "왜 그런 얘기를 다 공개하느냐"고 말하는 적들도 많아진다. 다 드러내버리니까 당연한 결과다. 하지만 역설적으로, 적들이 많아질수록 고객은 더 빠르게 많이 모인다. 다 까발리는 사람의 말이 불편한 이유는 누군가에게는 그게 손해이기 때문이다. 폭로를 싫어하는 사람은 대개 폭로될 게 있는 사람인 경우가 많다. 이 구조를 이해하는 사람들은 비난을 두려워하지 않는다.

한때는 노력만 하면 돈을 벌 수 있는 시대가 있었지만 지금은 노력만으로는 부족하다. 노력과 동시에 정직해야 돈을 번다. 물론 여전히 사기 치면서 돈을 버는 사람들도 있다. 그건 오래 가지 않는다. 정보가 이렇게 빠르게 퍼지는 시대에 남을 속이는 방식은 결국 업계 전체를 망가뜨린다. 시장에서 터무니없는 가격으로 장사하던 사람들이 한때는 떵떵거렸을지 몰라도 지금은 한 번 찍히면 끝이다. 반대로 업계의 구조를 공개하고, 숨기지 않고 말하는 사람에게는 사람들이 줄을 선다.

'팔이'라는 일은 생각보다 상당히 괜찮은 직업이다. 휴대폰을 판다고 하면 여전히 무시하는 시선이 있지만, 그 사람이 페라리를 타고 다니고 연매출 수십억을 올리고 있다면, 그건 돈을 벌 수 있는 기회를 잡고 있다고 보면 된다. 그래서 퍼스널 브랜딩이 결합된 중개형 비즈니스는 광고비를 거의 쓰지 않는다. 이미 신뢰 자체가 광고 역할을 하기 때문이다. 혼자서 편집하고, 혼자서 콘텐츠를 만들 수 있다면 비용은 시간뿐이다. 공동구매 역시 마찬가지다. 상품은 남의 것이고, 나는 내 신뢰로 소개만 한다. 이 구조로 한 달에 순수익 1~2억을 버는 사람들이 실제로 존재한다. 그래서 연예인이나 SNS로 인플루언서가 된 사람들이 공동구매로 큰돈을 버는 것이다. 특히 여성 소비자 시장에서는 이 구조가 훨씬 더 빠르고 단단하게 작동한다.

내가 상품을 개발할 재주도 없고, 남에게 신뢰를 줄 수 있겠다는 확신이 있다면 한번 도전해볼 만한 영역이라고 생각한다.

# 자영업 3대 스킬만 찍어도
# 절대 망하지 않는다

"손님이 진짜 너무 없어요. 코로나 때보다 더한 것 같아요."

"주말인데도 썰렁해요. 사람들이 돈을 안 써요."

"재료값이 너무 올라서 장사를 할수록 손해인 것 같아요. 장사를 접어야 할지 고민이에요."

"오프라인 매장은 홍보를 어떻게 해야 할지 모르겠어요. 인스타 할 줄 아는 사람들만 돈 버는 것 같아요."

자영업자들이 느끼는 어려움은 단순히 매출이 줄었다기보다는 식당을 하든, 꽃집을 하든, 미용실을 하든 어떻게 손님을 끌어야 할지 모르겠고, 무엇을 바꿔야 하는지도 감이 오지 않는다는 데서 오는 막막함이다. 재료값과 인건비는 계속 오르는데, 가격을 올리면 손님이 떠날 것 같고, 그렇다고 그대로 두면 남는 게 없다. 이번 글에서는 오프라인 매장을 가지고 장사를 하는 사람들을 위해 현실적인 마케팅 방법을 공유하고자 한다.

가장 먼저 할 일은 GPT에 어떤 상품을 파는 매장이고, 지역은 어디이며, 어떤 고객이 타깃인지 등을 적고 어떤 마케팅을 하면 좋을지 묻는 것이다. 그래서 하나부터 열까지 알려주는 대로 차근차근 해보라. 요즘은 길거리에서 나눠주는 전단지가 많이 줄었다. 아니, 거의 없어진 것 같다. 온라인으로 모든 걸 해결하는 세상이 되다 보니 전단지도 온라인에서 뿌려야 효과가 있지 종이 하나하나 나눠 주던 시대를 생각하면 안 된다. 온라인으로 시도해볼 수 있는 것들은 다 해봐야 한다.

이미 잘되고 있는 다른 매장들이 어떻게 하고 있는지를 전부 관찰해보고 맛집 계정, 지역 상권 계정, 장사가 잘된다는 가게들이 어떤 영상을 올리는지, 어떤 각도로 찍는지, 어떤 문장을 쓰는지를 그대로 살펴봐야 한다. 분석이 안 된다는 건 아직 배울 게 많다는 뜻이다. 영상을 만들 자신이 없고, 얼굴을 드러내는 게 어렵고, SNS를 다룰 줄 모른다면 혼자 끙끙대지 말고 약간의 비용을 투자하여 잘하는 사람에게 맡기는 것도 방법이다. 거창한 전략을 세우지 않아도 인스타그램 계정 하나를 만들어 쇼츠든 릴스든 짧은 영상부터 찍어 올리기 시작하면 된다. 완벽할 필요도 없고, 처음부터 잘할 필요도 없다. 중요한 건 시작이다.

그리고 요즘은 맛집 리뷰 인플루언서들에게 DM 하나 보내는 것도 효과가 좋다. 광고가 가능한지, 영상 하나당 얼마를 받는지 물어보면 된다. 단가는 보통 15~50만 원 선이다. 여기서 중요한 건 인플루언서들에게 한두 번 맡겨보면서 그 사람들이 어떻게 사진이나 영상을 찍는지, 어떤 컷을 쓰는지, 영상이 어떤 구조로 나오는지를 바로 옆에서 보는 게 핵심이다. 가능하다면 "어떻게 찍으세요?, 어떤 포인트를 잡으세요?"라고 직접 물어보는 것도 괜찮다. 그렇게 하다 보면, 그걸 흉내 낼 수 있는 단계까지 온다. 처음에는 무조건 따라 하는 게 맞다. 따라 해보고 나서 안 되면 그때 다시 생각해도 늦지 않다.

오프라인 매장은 고객이 매장에 들어왔을 때의 인상도 중요하다. 블루리본을 받은 가게는 그걸 내걸고, 연예인 사인이 있으면 벽에 걸어둔다. 그런데 그런 게 아무것도 없다면, 없는 걸 탓할 게 아니라 적극적으로 만들어야 한다. 삼겹살 집이라면 삼겹살의 효능부터 걸어봐라. 우리 집 고기가 다른 집과 뭐가 다른지 아주 구체적으로 적어놓을 수도 있다. 요

즘은 밀랍 숙성 삼겹살, 녹차 삼겹살처럼 디테일한 차별점들
이 넘쳐난다.

맥도날드가 "참깨 빵 위에 순 쇠고기 패티 두 장 특별한 소
스 양상추 치즈 피클 양파까지"를 노래까지 만들어서 외쳤던
이유를 떠올려보면 된다. 순 쇠고기가 특별한 재료인 것 같
지만, 미국에서는 100% 순 쇠고기가 아니면 햄버거 가게를
오픈할 수조차 없다. 근데 한국에서는 그걸 굳이 강조함으로
써 맥도날드 외에 다른 햄버거 패티는 뭔가 섞였을 것 같다
는 인상을 준다. 클라우드 맥주가 "물 타지 않은 맥주"라고
말하는 순간, 다른 맥주들은 왠지 물을 탄 것처럼 느껴진다.
아주 사소한 언어 선택이 사람의 인식을 바꿔주는 것이다.
그래서 글을 잘 써야 하고 카피라이팅이 중요하다. 메뉴 설
명, 간판 문구 하나하나가 다 마케팅이다. "3일 이상 유통된
고기는 쓰지 않습니다", "당일 도축한 고기만 판매합니다"와
같은 문장도 강력하다. 숫자가 들어가면 사람은 더 믿는 경
향이 있다. 남자 손님을 상대로 한다면 '체력'이나 '활력' 같
은 키워드를 써도 된다. 휴대폰 가격표를 보이지도 않게 작
은 글씨로 복잡하게 적어 놓는 대신 "갤럭시25, 10만 원 / 아
이폰17, 30만 원"처럼 한 줄로 간단명료하게 적는 것이 훨씬
사람들의 눈길을 사로잡는다. 가장 궁금해하는 가격은 쉽고
간략하게 표현해두고, 상담할 때 더 자세한 내용을 상담사가

친절하게 설명해주면 된다.

블로그, 스레드와 같은 글 기반 채널, 사진 기반의 인스타그램, 유튜브 쇼츠와 릴스 같은 영상 채널을 동시에 굴려야 한다. 다 해야 한다. 왜 모든 매체를 다 써야 할까? 같은 콘텐츠라도 플랫폼마다 반응이 완전히 다르기 때문이다. 틱톡에서는 10만 조회수가 나오는데 유튜브에서는 그게 100만 조회수로 터질 때가 있고, 반대로 유튜브에서 100만이 나와도 인스타에서는 1만도 안 나오는 경우가 흔하다. 이건 콘텐츠의 문제가 아니라 채널의 성격 차이다.

물론 분석하는 방법이 아예 없는 건 아니다. 인스타는 상대적으로 '있어 보이는' 이미지와 톤이 먹히고, 유튜브는 '재미와 몰입'이 더 중요하다. 이 차이를 정확히 이해하고 맞춰서 콘텐츠를 만들면 여러 플랫폼에서 동시에 터질 수도 있다. 다만 이 단계는 난이도가 꽤 높다. 나도 해보긴 했지만 아직 명확한 공식으로 설명할 만큼 쉬운 영역은 아니다. 그래서 각 채널에 대한 분석이 전혀 안 되는 단계라면 복잡하게 생각하지 말고 일단 다 올려라. 같은 콘텐츠를 틱톡, 유튜브, 인스타에 모두 올려보고, 어디서 반응이 오는지를 먼저 확인하는 게 훨씬 빠르다. 어렵다고 안 하면 그만큼 돈을 벌 수 있는 기회도 날아가는 것이다. 장사는 특별한 비법이 있어서 잘되는 게 아니다. 잘되는 가게들은 하나같이 사람들이 어떻게 생각하는지를 끝까지 고민한다. 무엇을 파느냐보다, 어떻게 불러들이고 이해시키느냐가 먼저다.

정리하자면, 첫 번째, 잘되는 곳을 최대한 벤치마킹하려고 노력하라. 두 번째, 글, 영상, 사진을 기반으로 한 채널을 동시에 운영하며 온라인 전단지를 뿌리고 최대한 많은 사람에게 보여줘라. 세 번째, 매장에서 무엇을 보여줄 수 있는지 고민하라. 이렇게 세 가지를 할 의지가 있다면 당신도 고객들이 줄을 서는 매장을 운영하는 장사의 신이 될 수 있다.

# 돈 버는 비밀?
# 혼자 알면 썩고, 나누면 커진다

"블로그로 월 500만 원 벌 수 있습니다. 이 강의를 들으세요!"

"AI로 10분 만에 쇼츠 만들어서 월 1억 버는 방법 알려드립니다!"

"쿠팡으로 월 3,000만 원 버는 법, 저만 믿고 따라오세요!"

"빌딩이 없어도 온라인 월세 벌 수 있습니다. 지금 확인하세요!"

"부업으로 돈 버는 법 전부 공개합니다! 일주일에 200만 원 가능!"

이런 문구들을 지겹도록 봤을 것이다. 자신의 강의를 듣고 따라만 하면 누구나 돈을 벌 수 있다는 홍보 문구들이다. 이미 자신은 이 방법으로 돈을 잘 벌고 있으니 강의까지 하는 것일 텐데 이렇게 잘되면 조용히 본인이나 돈을 벌 것이지 왜 굳이 강의까지 만들어서 돈 버는 법을 공유하는 것일까?

"그렇게 잘 벌 수 있으면 혼자 조용히 하지 왜 남들한테 알려주냐?"는 말은 얼핏 들으면 논리적이고 맞는 말 같지만, 실제로 돈이 만들어지는 구조를 이해하지 못하는 사람들이나 할 법한 수준 낮은 질문이다. 돈 버는 방법은 하나뿐이고, 나누면 내 몫이 줄어든다는 전제에서 나오기 때문이다. 하지만 실제 비즈니스는 그렇게 돌아가지 않는다. 내가 잘 아는 영역을 혼자서만 붙잡고 있는 것이 가장 비효율적일 때가 더 많다. 그래서 강의를 하는 것이다. 자신이 가장 잘 알고 잘하는 일인데 그걸 확장할 수 있는 방법이 바로 강의이기 때문이다.

예를 들어, 내가 부동산을 하고 있다고 하자. 나는 내가 실제로 몸 담고 있는 관악구, 금천구, 동작구, 강서구 지역에서만 활동한다. 그런데 다른 지역까지 내가 다 먹겠다고 달려드는 건 비효율적이다. 대신 "너희 동네는 너희가 전문가이고 잘 알잖아. 내가 구조와 방법은 알려줄 테니까 너도 네 지역에서 돈 벌어. 경쟁하지 말고 너도 벌고 나도 버는 거지"라고 말하는 게 훨씬 합리적이다. 나는 내 지역에서 계속 부동산을 하지만 거기에 더해 강의료도 벌고, 이 강의를 이해한 사람들 중 일부는 내 제자 혹은 직원, 파트너가 될 수도 있다. 경쟁자가 아니라 함께 성장할 수 있는 동료를 만드는 길이기도 하다.

평소 친하게 지내는 한 형은 온라인 강의로 연 750억 원의 매출을 만들어냈다. 그 형은 혼자 조용히 돈을 버는 대신, 자신이 만든 시스템을 상품화했다. 그리고 그것을 배우고 실행하는 사람들이 늘어날수록 그 회사의 가치는 더욱 커졌다. 강의는 돈 되는 걸 다른 사람과 나눠서 손해를 보는 행위라기보다 확장 가능한 사업으로 바꾸는 가장 효율적인 방식 중 하나라는 것을 그 형을 지켜보며 알 수 있었다.

또 한 가지 요즘 눈에 띄는 방식은, 무료 강의로 사람들을 모아 2~3시간에 걸친 양질의 수업을 제공하고 그것을 들은 사람들에 한해 유료 강의를 파는 구조다. 무료로 일정 수준의 노하우를 풀어주면 그걸 통해 "이 사람을 만나면 돈을 벌수 있겠구나"라는 신뢰가 쌓인다. 그 신뢰는 나중에 더 비싼 수업, 더 큰 프로젝트로 이어진다. 강사는 노하우를 풀어서 손해를 보는 게 아니라, 시장에서 자신의 포지션을 다지는 것이다. 물론 알려준다고 해서 누구나 돈을 벌 수 있는 건 아니다. 생각보다 실행하는 사람은 극소수고 끝까지 가는 사람은 훨씬 더 적다. 그래서 수천 명이 강의를 듣는다고 해서 경쟁자가 우르르 생기는 일은 없으니 안심해도 된다.

나도 올해부터 강의를 준비하고 있다. 단순히 '잘 파는 법'을 알려주기 위한 것이 아니라, 이 내용을 이해한 사람 중에서 함께 일할 수 있는 좋은 사람을 찾기 위해서다. 나를 못 믿는다면 몇 달이든 우리 회사에서 일해보면서 시스템이 어떻게 돌아가는지 눈으로 직접 보여주려 한다.

요즘 나는 세상의 모든 것들이 돈으로 보인다. 돈을 벌 수 있는 기회가 차고 넘치는데 사람들은 잘 모르는 것 같다. 만약 무엇을 해서 돈을 벌어야 할지 잘 모르겠다면 관심이 가는 무료 강의부터 여러 가지 들어봐도 좋겠다. 그러면서 자신에게 어떤 비즈니스가 맞을지 생각해보는 것이다. 앞서도 계속해서 말했지만 완전히 새로운 것을 해야 돈을 버는 것은 아니다. 이미 잘 벌고 있는 사람에게 배우거나 이미 존재하는 시장 안에서 자신이 해볼 수 있는 것을 찾으면 된다. 그러다 보면 당신의 숨겨진 재능을 발견하게 될지 누가 알겠는가.

그리고 제발 뭔가를 시작할 때 "이거 망하면 어떡하지?"라는 생각부터 하지 마라. 불안하고 두려운 마음을 이해하지 못하는 건 아닌데, 그 상태에서 비판하고 분석만 하면 절대 레벨이 올라가지 않는다. 내가 느낀 가장 위험한 순간은 실패했을 때가 아니라, 모든 걸 비판적으로 바라볼 때였다. 사람은 자신이 생각하는 대로 산다. 가능하면 긍정적으로 세상을 바라보고 하는 일들이 잘될 거라는 믿음으로 해야 진짜로 잘 풀린다. "내가 이거 잘해서 인생 한번 바꿔보겠다!"는 관점을 가져도 쉽지 않은 것이 사업이다.

실패가 두려워 시작하지 않으면 아무 일도 일어나지 않고, '이 사람 사기꾼 아니야?' 비판만 하다 보면 부자로 가는 길은 점점 더 불가능해진다. 완벽하지 않아도 일단 몸을 던지고, 해보면서 수정하고, 틀리면 다시 길을 만드는 사람만 다음 레벨로 올라갈 수 있다. 사업은 용기 있는 낙관주의자에게 유리한 게임이다.

# 돈락집을 덮고,
# 이제 당신의 통장을 채워라

만약 내가 10억 원을 벌었으면 그중에 2억 원은 광고비로 쏟을 만큼 나는 무엇이든 일단 해보고 결론을 내리는 편이다. 생각을 깊게 하지 않는다. 솔직히 작년에는 너무 생각이 많아져서 도전해본 것도 없었고 매출도 많이 떨어졌다. 그래서 무너진 마음을 다시 일으킬 힘과 추진력을 얻기 위해 이 책을 쓴 것이다.

그동안 시간을 갈아넣고 어마어마한 비용을 쓰면서 알게 된 것들을 나름대로 주변 사람들에게 많이 퍼주면서 살았다. 유튜브로 알려지고 매출이 오르면서 여기저기서 만나달라는 요청도 받았고 하루에 미팅을 몇 차례나 해야 할 만큼 사람들을 만났다. 그렇게 해서 아무것도 없던 사람이 몇천만 원의 순수익을 만들어내고, 나보다 훨씬 큰돈을 벌게 되기도 했다. 주변에 그런 사람들이 한 명 한 명 늘어갈 때마다 '아,

나에게 이런 능력이 있구나'라는 걸 점점 알게 되었다. 바로 0에서 1을 만드는 방법을 알려줄 수 있는 사람이라는 깨우침이었다. 그래서 이 책에도 돈 없고, 경험도 부족하고, 뭘 해야 할지는 더더욱 막막한 상태에 있는 분들에게 조금이나마 도움이 될 만한 이야기들만 담으려고 했다.

이제 책은 다 읽었으니 지금 당장 뭐라도 해라. 잘되는 걸 따라 하면서 자신의 길을 만들어 가라. 실행하지 않으면 이 책은 아부 의미도 가치도 없다. 읽다가 고개가 끄덕여지는 부분이 있다면 그 한 가지라도 바로 써먹어 보길 바란다. 반대로 동의되지 않는 부분이 있다면 과감히 버려도 좋다. 중요한 건 자신에게 맞는 방식으로, 지금 당장 뭔가 한 가지를 시작하는 것이다.

나는 모든 사람에게 사업을 권하지는 않는다. 사업은 결코 가벼운 선택이 아니다. 생각보다 훨씬 외롭고, 오래 버텨야 한다. 돈을 버는 일도 힘든데 직원을 부리는 일도 만만치가 않다. 나만 잘해서 되는 것도 아니다. 계속 실행하지만 성공보다 실패하는 일이 더 많고, 힘들고 짜증 나서 울게 되는 날도 많다. 또 그 와중에 종종 좋은 일들도 생기면서 대표라는 자리에서 버티게 해주는 것 같다. 개인적인 일상은 거의 없어지고 하루 종일 일에 대한 생각만 해야 한다. 잠을 자는 꿈속에서도 일을 할 정도로 말이다.

내가 말하는 것이 꼭 정답인 것도 아니다. 이 책 말고도 세상에는 당신에게 인사이트를 가져다주는 좋은 책들이 널려 있다. 『브랜드 설계자』, 『마케팅 설계자』, 『설득의 심리학』, 『무기가 되는 스토리』, 『보랏빛 소가 온다』, 『초효율』 등 이미 검증된 책들도 너무나 많다. 하지만 지식을 많이 쌓는 것이 사업에 무조건 도움이 되는 것은 아니다. 이것들은 당신이 움직이는 데 도움을 주는 참고서에 불과하다. 사업 중에 생기는 문제들은 스스로 고민하고 답을 찾아내 뛰어넘어야 한다.

완벽한 상태에서 시작할 수 있는 것은 아무것도 없다. 완벽히 준비했다고 해도 늘 장애물은 예상치 못한 곳에서 등장하기 마련이다. 지금은 잘 몰라도 된다. 대신, 가만히 있지는 마라. 오늘 자신의 채널에 글이든, 사진 한 장이든, 짧은 영상 하나라도 올려라. 0의 위치에 있는 사람에게 가장 위험한 건 실패가 아니라 멈춰 있는 것이다.

3년 뒤에 내가 다시 책을 쓴다면 그때는 매출 100억 이상, 최소한 그 정도는 만든 사람이 되어 있을 것이다. 자산의 크기도, 보는 세계도 지금과는 전혀 다를 거다. 이런 말을 공개적으로 책에 적어두는 이유는 그래야 내가 도망칠 수 없기 때문이다. 스스로를 몰아붙일 장치가 필요하다고 생각했다. 카카오톡 프로필에도 적어두고, 이 책에도 박제해서 부끄러워지지 않기 위해서라도 더 열심히 재미있게 앞으로 나아가고자 한다.

마지막으로 이 말을 꼭 하고 싶다.

당신이 지금 아무것도 없는 상태라서 이 책을 집어 들었다면, 그 자체로 이미 출발선을 지나온 것이다. 대부분의 사람들은 자기 인생에 불만만 많고 방향을 바꾸려는 시도조차 하지 않는다. 책을 읽고, 생각하고, 여기까지 온 당신은 이미 0이 아니다.

이 책이 당신의 인생을 바꿔주지는 못해도 오늘을 그냥 흘려보내지 않게 만드는 작은 불편함은 남길 수 있다고 생각한다. "나도 뭔가 해야 하지 않을까"라는 생각, 그게 바로 시작이다. 언젠가 당신이 지금보다 훨씬 단단해진 마음으로 이 책을 다시 펼치는 날이 올지도 모르겠다.

이 책을 덮는 순간, 선택은 하나뿐이다.

계속 생각만 하느냐, 아니면 오늘 하나라도 도전하느냐.

부디 후자를 선택하길 바란다.

당신의 0에서 1이, 지금 이 페이지를 넘기는 순간부터 시작되기를 바란다.

**돈략집**

ⓒ 한진우

초판 1쇄 인쇄  2026년 2월 20일

**지은이**  한진우
**편  집**  조영훈
**디자인**  STUDIO 보글
**마케팅**  정호윤, 김민지, 김은주, 송유경, 최서환
**펴낸곳**  모티브
**이메일**  motive@billionairecorp.com

ISBN 979-11-94600-67-1  03190